シリーズ
キーワードで読む中国古典
❶

コスモロギア

天・化・時

中島隆博【編】＋本間次彦＋林文孝

法政大学出版局

コスモロギア——天・化・時　目次

第二章 化について——本間次彦 75

第三章 時について——林　文孝 141

余説

総説

1　天、化、時

司馬遷《しばせん》は『史記《しき》』の「太史公自序」の冒頭において、注目すべき系譜学を語っている。

昔顓頊《せんぎょく》ありし時、南正の重に命じて天を司らせ、北正の黎に命じて地を司らせた。堯舜の時、重と黎の子孫にふたたび天地を典《つかさど》らせ、夏と商（殷）の時代に至っても、重氏と黎氏は代々天地を序《つかさど》った。周の時、程伯休甫がその後継であったが、周の宣王の時に、その守ってきた地位を失い、司馬氏がそれに代わった。司馬氏は代々周の史を典ったが、恵王と襄王の間に、司馬氏は周を去り晋に行った。晋の中軍随会が秦に出奔すると、司馬氏は少梁に入った。

その後、司馬氏は諸国に分散していき、漢が興ると市場の長から徐々に出世し、司馬遷の父、司馬《しば》談《たん》になって太史公（太史令）という史官になった。ここで重要なことは、司馬遷が史官を単に歴史叙述を行う役職だと考えてはいないということである。引用にあるように、そもそもは王を補佐して天地を司ることが太史公の本来の役割である。したがって、司馬談は「六家」（陰陽家、儒家、墨家、法家、名家、道家）と呼ばれる当時の諸学を治める一方で、三つの重要な学問を学んでいる。すなわち、天官、易、道論である。

天官とは天文学であるが、史官がもともと天を司るべき役職である以上、まっさきに学ばなければならないものであった。また、易は世界と人事を変化の相において把握する学問であり、道論は根本原理である道とそれが具体化された諸原理である道を学ぶものである。そうであれば、司馬談はその歴史叙述において、人間の歴史を中国の宇宙論的想像力であるコスモロギア（コスモロジー）において把握しようとしたことになる。そして、息子の司馬遷はそれを継承する責任を負わされ、『史記』を何としても完成しようとした。それは、「人間天文学」（『司馬遷――史記の世界』）と武田泰淳が名づけたような、宇宙規模の壮麗なものでなければならなかったのである。

とはいえ、人は天によって意味づけ尽くされるわけではない。司馬遷は他方で、「天道、是か非か」（『史記』伯夷列伝）と問うた。ここではもはや、天と人との間にある理想的な相関関係が単純には維持されていない。人間というやっかいな存在は、中国のコスモロギアを稠密に作り上げるとともに、それを根底から破ってしまうものなのだ。

西洋哲学であれば、ここに人間の自由意志の問題を見出すところであろうが、中国の場合はより広く、人間が状況に対してどのように介入し、それを操作するのかという問題になる。というのも、西洋哲学が人間の自由意志を問題にする際には、神によって創造された秩序が静的に想定されていて、人間がそこに変化をどうもたらすのかが問われるのだが、それに対して、中国では、天に由来する秩序そのものが動的に変化すると考えられていて、人間もまた最初から変化のうちに投げ込まれ、能動的のみならず受動的にも秩序と絡みあうことが前提されているからである。

ここで重要なのが化である。さきほど司馬談が易を学んだと述べたが、易は人事を含む宇宙の変化を把握しようとする学問である。すべては変化する。これが中国のコスモロギアの基本的な立場である。易はそこに何らかの規則を見出し、その規則を利用して、変化に介入し、それを加速したり、遅延させたり、あるいは方向を転換したりする。しかし、規則のない偶然性もまた変化にはあるのではないだろうか。『荘子《そうじ》』において記述される変化には、そのような偶然性の影がつきまとっている。それは天の支配の及ばないほどの変化に対して、人間の想像力が開くものである。したがって、偶然性に開かれた自由な変化は往々にしてすぐさま規則によって取り込まれるにしても、変化の直中にはたえずその規則を逸脱するような可能性が残されている。そして、人が行うことができるのは、こうした逸脱の可能性を信じながら、変化の方向をより望ましいものにするという介入である。

その介入は、たとえば儒家の用語を用いれば、教化ということになる。教化は、教え（儒家の教え、儒教もしくは礼教）を身につけさせることで人をより望ましい方向に変化させることである。その背景には、人はそのままに放っておくと、望ましくない状態のままであるか、もしくは悪い状態に変化するという発想がある。これに対して、道家は、教化という介入行為こそが、より悪い状態を作り上げるので、それをやめて、天の変化に任せるのがよいと反論した。とはいえ、それは変化を拒むためではない。人は受動的に変化させられるのであるから、それを肯定し尽くし、あらゆる変化を受け入れようとするためである。したがって、究極的には、人間が能動的に介入して作り出す変化を、道家もまた退ける必要はない。それもまた大いなる変化の部分であると考えれば済むからである。六朝期に郭象《かくしょう》が辿り着いたのは、このような地点であった。人間が礼教を用いて変化に介入することもまた自然である。

もう一つ、変化への介入において重要な概念が時である。王夫之《おうふうし》はその史論において、「時が異なれば勢も異なり、勢が異なれば理もまた異なる」（『宋論《そうろん》』巻十五）と述べた。歴史における変化を論じる際に、王夫之は三つの次元を区別し、理における変化、勢における変化、そして時における変化を考えた。その上で、その三つの変化が、時、勢、理という順序で生じると論じたのである。そして、人間が介入できるのは、理や勢ではなく、時である。ちなみに、ここでの時は、抽象的な時間概念ではなく、時宜を得ると言われるような、具体的な状況のことである。

司馬遷に戻ると、彼は天に訴えながら、人間の歴史を叙述しようとしたが、それは抽象的に時間を支配しようとしたのではなく、個々具体的な時宜という状況を記述することによって、そこを貫く道という規則を明らかにしようとしたのである。それはすなわち、時をどう叙述するかがすぐれて介入的な行為であるということにほかならない。時宜を得ているか得ていないか、適切であるかどうかの判断が、時の叙述にはつねに入っているからである。

本書では、以上の天・化・時の三つの概念に焦点を当てて、中国のコスモロギアを概観していく。それは、中国において人間世界を規定する条件は何であるのかを宇宙論的な想像力のもとで明らかにし、それを通じて人間の立ち位置を摑むことに他ならない。人間は天に大きく規定されながらもそれをはみ出し、変化に翻弄されながらも変化を統御し、時宜を得た判断を行って、この世界に善を実現しようとするのである。

2　各章概観

第一章は、天について論じる。その際、天をめぐる問題設定がどのように変化してきたのかを、通時的にマッピングすることに留意した。

まず先秦時代においては、天と人がどのような関係にあるのかが主に問われた。孔子《こうし》は『論語《ろんご》』において、天と人を非対称的な関係に置く一方で、それを破り天を怨む人間のイニシアティブに言い及んでいた。墨子《ぼくし》は、人間の天に対するイニシアティブをさらに強調し、天の欲することをなすことで、天に人の欲することをなしてもらうという枠組みを作った。孟子《もうし》はそれをさらに進め、性という概念を洗練することで、一人ひとりの人間が天に直接的に通じる通路を確保しようとしたのである。これと対極的であったのが荘子《そうし》で、人が天を損なうと主張し、徹底的に天に順《したが》うことで、人のあり方を大きく変容させようとした。こうした議論を総合したのが荀子《じゅんし》であって、天と人を切断し、天に訴えることなく、人間が人の領分において責任を果たすことを強調した。

ところが、秦を経て漢になり、中国が帝国となると、その政治的正統性の根拠として天が再び登場するようになる。そのイデオローグであった董仲舒《とうちゅうじょ》は天人合一を唱え、人の領分を天によって保証しようとした。ただし、その理論の眼目は、正統性の担保だけでなく、天に訴えることで同時に皇帝権を抑制しようというものであった。それは、失政に対して天が災異を下すという天譴《てんけん》災異説に具現した。無論、それに対する批判がすぐに出される。後漢の王充《おうじゅう》は道家思想に依拠しながら、無為の天と有為の人とを分離したのである。

仏教が導入されると、人間の根拠としての天はおおいに揺らぐことになる。仏教を乗り越え中国的な思想を回復しようとした唐代の思想家にとっても、天はもはや信頼できる根拠ではなく、人間は人の領分において自ら責任を果たすほかはない。注目したいのは韓愈《かんゆ》で、天人切断の思潮の中にあって、人が天を損なうのではないか、さらには天はもはや破壊されているのではないかとまで懐疑を深めた。

唐代の天人切断と天への懐疑が逆方向に振れたのが宋代である。気と理という形而上学的概念を導入することで、天と人を再び繫ごうとしたのである。とりわけ朱熹《しゅき》（朱子《しゅし》）は天と人を同一の理が展開するものとして捉えることで、天への信頼を回復しようとした。しかし一方では人欲が人間を損なう可能性を直視しており、素朴な仕方で天と人が相関さらには合一するとは考えていなかった。

明代になると、キリスト教の神が導入されることで、再び天への信頼が揺らいだ。マテオ・リッチは、宋学の理としての天を越えた超越者として、「天主」（神）を定義した。それに対して、仏教徒が反論を試みたが、それはかえって宋学の枠組みである理としての天を葬り去り、宋学以前の天人相関に戻るものであった。

清代になると、理としての天に代えて、古代的な天すなわち、『易《えき》』に「一陰一陽これを道と謂う（一陰一陽之謂道）」とあるような、世界の物質的な運動をつかさどる根源としての天が再考された。それはあわせて、理に還元し尽くされないような人間の身体的・物質的なあり方を再考することでもあった。

近代においては、西洋的な普遍に直面することで、従来の天概念が決定的に疑問に付された。科学が示す数学的な秩序としての世界や、進化論が示す根底的な変化といったものは、伝統的な天の概念だけでなく、人の概念もまた変容させたのである。

ところが、今日、天下という概念が再び論じられるようになっている。それは天とそのもとにある世界そして人間という中国的なコスモロギアを、近代を経た後に、再導入しようという試みである。こうした古典への転回ははたして、再び帝国としての中国に戻ろうとするものなのか、それとも多様性を保持しつつもこの世界に普遍的に寄与しようとするものなのか。今後の推移を注意深く見守っていきたい。

第二章は、化について論じる。ここでも化をめぐる思想史が描かれるが、通時的というよりは主題的に叙述されている。

中国の化を考える時に、中心となるのは『易』である。生成変化してやまないこの世界がある一定の秩序に従っていることを示すことで、『易』は諸家が参照するテキストであり、儒家においては経書とまでされた。

その『易』において繋辞伝《けいじでん》は重要である。繋辞上伝第一章を見ると、天地とそれを象徴する乾坤が主導する生成変化を「易簡」（やすやすと簡単であること）と定義するとともに、それを学ぶ賢人を導入することで、天地とならび、天地に貢献するという人間の可能性を示している。

後漢の鄭玄《じょうげん》は『易』が記述する生成変化を、自然にやすやすとなされる変化である「易簡」に加えて、各卦のネットワークが占うごとにつねにダイナミックに再編される「変易」と、その過程にあって変化しないものである「不易」にさらにパラフレーズした。その上で、「有形」の世界の根拠としての「易」を「無為」と定義して、生成変化の可能性の条件に触れようとした。これが魏晋における「無」の形而上学の一つの背景となった。

「易簡」を学ぶ賢人に戻ると、天地と並ぶ地位を占める人間というあり方は、『中庸《ちゅうよう》』において、内面性を有する主体として描かれるようになる。その内面を充実させて天地に参ずる人間が理想とされたのである。そして、『礼記《らいき》』によれば、そうした理想的な人間すなわち聖人は、礼楽を制作することによって、自らを変化させるだけでなく、今度は民衆をも教化して天地との調和を実現することになる。

さて、繋辞伝には、生成変化に対するもう一つ別のアプローチがある。繋辞上伝第五章では「一陰一陽これを道と謂う」と定義し、新たなものを生みだしてやまない陰陽の変化と道が関連づけられている。これに対して、朱熹は陰陽は気の働きであって道ではないと区別する。それは、道を理だと考えたからである。しかし、王夫之は朱熹の区別を批判し、道は陰陽と同一の地平上に表裏一体で現れるが、陰陽そのものではなく、変化を支える場であると整理した。それをさらに進めて、陰陽はすなわち道であるとしたのが戴震《たいしん》である。戴震は生成変化を越えた理を設定する形而上学を批判し、生成変化それ自体を肯定しようとしたのである。

繋辞上伝第五章が作り出すもう一つの問題は、もし生成変化が新たなものを生み出してやまないということであれば、世界に対する責任は問えないことになるのではないかということである。張《ちょう》載《さい》はこれを解釈して、太虚において万物は自己の組成を再編しながら循環していると考えた。それに対して、朱熹はこのような循環は仏教の輪廻にあたるものであると批判し、そうではなく常に古いものは亡び、新しいものが生み出されるとした。王夫之は、その朱熹に反論し、気は残り続け、鬼神も存在し続けるからこそ、この世界において善をなす根拠もまた存在すると述べた。

生成変化の次に問題となるのは、教化という自己変化である。すでに礼楽による教化には触れたが、宋代ではその教化は、自己を道徳的に規律化すること（修己《しゅうこ》）からはじめて、人々をよく統治すること（治人《ちじん》）に至るものに移っていった。その際に参照されたテキストが『大学《だいがく》』である。朱熹はそのテキストの字句を変更することで、人々が自らの本来性に目覚める自己啓蒙のプロセスを明らかにした。それに対して王陽明《おうようめい》は、「万物一体の仁」を掲げて、本性である仁に至ることはすなわち他者と一体となることだと述べた。

近代になると、化をめぐる問題構成は大きく変わってくる。譚嗣同《たんしどう》はその『仁学《じんがく》』において、仁の理解を根底的に変え、西洋伝来の概念である「以太（エーテル）」として捉え直し、それが働くことによって従来の秩序が否定され、朋友的な友愛関係に基づく新たな秩序が登場すると述べた。厳《げん》復《ぷく》もまた『天演論《てんえんろん》』において、社会進化論という、新たなそして中国にとっては危機的な変化を紹介した。そして、毛沢東《もうたくとう》は、従来の陰陽理解とそれが予定した秩序を越えて、「矛盾の闘争性」を主張し、革命というこの世界の変革に理論的な基礎を与えようとしたのである。

中国思想における化において、見過ごすことのできないのは『荘子』の「物化」である。それはあらゆる変化とそれによって生じる違いを肯定するほどにラディカルなものだ。仏教は輪廻を説く際にこの「物化」を乗り越えなければならなかった。『荘子』に触発されて、独自の思想も登場する。方以智《ほういち》は『東西均《とうざいきん》』において、変化しない道と変化する物の二つの系列が区別されながらも一体である構造を示そうとした。また、章炳麟《しょうへいりん》は『斉物論釈《せいぶつろんしゃく》』において、『荘子』に社会救済と革命の可能性を読み取っていった。

最後に、身体変容については、宋代以後に流行した内丹というイメージ・トレーニングの技法と中国医学における気のネットワークとしての身体観があるが、どちらも身体を孤立した個別の身体としてではなく、陰陽の循環の中に位置づけるものであったと言うことができる。

第三章は、時について論じる。中国思想において「時」という概念それ自体は、時間性というよりもむしろ、時宜を得ると謂われるような、具体的な状況を示している。

『論語』学而には「時にこれを習う」とある。皇侃《おうがん》の注釈によると、「身体発達に即しての時」、「一年の中で時を設ける」、「一日の中で時を設ける」という三つの可能性があるが、適切なのは最後のケースであるとされる。それでも、少なくとも前の二つのケースは、明白に、適切な時機・時節を意味しており、時間の流れとは異なる時理解が広がっていたことがわかる。

『易』においては、個々の卦は宇宙の生成変化の過程における特定の局面を表現しているが、その局面を指して時と称している。たとえば、時が四時という季節を意味することがあるが、それは季節に対応した適切な政令を行うべきだと説く「時令」思想に繋がっている。

『中庸』における時もまた、その都度の状況を意味し、「時中」すなわちその状況において最善のバランスをとることが求められる。そして、孔子はこの「時中」を最も理想的に体現した、時の聖人だとされたのである。

では、時間の流れを表象するような時間性はどこにあるのか。それは「道」という概念によって示される。

『老子《ろうし》』の道をそのような時間性として考えた住井すゑや菊地章太は、抑圧されたものたちの希望がそれに託されたとする。また、中国哲学・美学とともにハイデガーについても研究している謝《しゃ》金良《きんりょう》もまたそれを時間性として理解した。

朱熹は『論語』の「川上の嘆」への注釈において、川の流れは道を具体的に体現していて、やむことなく運動する時間性であると捉えていた。それによって、人が休まず学問に向かい自己啓蒙を行い続けることを願ったのである。

とはいえ、道の時間性は、物理学的な時間というよりは、陰陽の消息（交替）に象徴される反復的リズムの持続として理解すべきものである。では、宇宙的なリズムを人間的時間にどう変換すればよいのか。ここで再び方以智『東西均』が参照される。方以智は「天は何を道とするのか。それは時だ。時は何を道とするのか。それは差異と交錯だ」と述べ、この「差異と交錯」を用いることで人間は天についての学問を治めると考えた。

道の時間性が反復的リズムであるならば、中国思想には起源を語る創造神話や終末論はないのだろうか。これまではそう語られてきたが、実は、終末を語る議論はいくつかある。

たとえば邵雍《しょうよう》の『皇極経世書《こうきょくけいせいしょ》』は宇宙論的に壮大な規模で「元・会・運・世」に基づく循環的歴史観を想定している。ここでは終末が意識はされているが、ほぼ無限遠にまで遠ざけられているために、危機の意識はない。

それに対して、道教経典に示された循環的な終末論には危機の意識が見られる。『太平経《たいへいきょう》』は「承負」という、負が世代を追って累積していくという概念を用いて、それが最後には天の怒りを買い、人類を滅亡させようとするが、同時に、天師を派遣して世界を救済しようともすると述べている。そして、終末の危機である今こそ、救済のチャンスだというのである。

最後に、「過去・現在・未来」という時間の三つの様相について検討される。中国思想においては、もともとは二つの様相、すなわち「古今」、「往来」によって時間の様相が語られてきた。『呂氏春秋《りょししゅんじゅう》』のように、「古」と「今」との時代の相違と同質性を論じることで、「今」行うべき課題と、古今を通じて追求すべき理想を論じるものはその典型である。

この二つの様相を用いて、僧肇《そうじょう》は「今もまた往ったりはしない。これが、昔の物はもともと昔にあり、今を出て昔に到達するわけではなく、今の物はもともと今にあり、昔を出て今に到達するわけではない、ということである」と述べ、時間の流れ式の時間論とは異なる、時間性に触れていた。仏教の漢訳とともに、時間の三つの様相が中国にも入り、「三世」すなわち「過去・現在・未来」という用語が定着した。しかし、このような時間性を越えようとする試みが後に登場するようになる。

たとえば顧憲成《こけんせい》は「当下」すなわち「ただ今すぐ」という禅宗の概念を批判的に発展させ、それを超時間的本源との緊張関係に置くことで、現在の端的な肯定に距離を取りながら、現在を過去と未来との関係において構造化した。王夫之もまた朱子学的な現在中心主義を批判し、過去と未来という前後のつながりを保持することで倫理的価値がはじめて成立するとした。いずれの思想家も、時間性の豊かさを捉え返そうとしたのである。

以上を念頭に置きながら、中国のコスモロギアがどのような具体的な言葉によって語られてきたのかを、是非味読していただきたい。天、化、時という概念は相互に連絡しながら中国のコスモロギアを構成している。読者は自由にそれらを重ね合わせることで、新たなコスモロギアを構想することもできる。もしここから、今日のわたしたちがともに考えるべきコスモロギアが到来することがあれば、それは望外の喜びである。

中島隆博（本巻編者）

＊なお本シリーズは、東京大学東洋文化研究所の班研究「中国学における概念マップの再構築」の成果でもあることを付言しておく。

第一章　天について

司馬遷《しばせん》（前一四五?—?）がそうであったように、中国における天は、天人相関と天人分離の間を揺れ動いていた。

1　孔子——天を怨まず

たとえば、『論語《ろんご》』においてすでに天と人の位置関係は微妙である。孔子《こうし》（前五五二頃—前四七九頃）は、「天は何か言うのだろうか。四季はめぐり、百物は繁茂している。天は何か言うのだろうか（天何言哉。四時行焉、百物生焉。天何言哉）」（『論語』陽貨）と述べ、人に対して何も言うことなく自立的に運行する天について述べる。その一方で、「五十にして天命を知る（五十而知天命）」（『論語』為政）というように、王ならざるこのわたしが天命を知ることを力説し、天と人とが何らかの仕方で繋がっていること、そして人間がその繋がりを知ることが重要であると述べる。しかし、天と人との関係は非対称的なもので、天が一方的に人に対して命を下すものだ。したがって、「わたしは天を怨まず、人を咎めない。わたしの学問はささやかなものだが、わたしの目標は高い。わたしを知るものは、天だけであろうか（不怨天、不尤人。下学而上達。知我者、其天乎）」（『論語』憲問）と、天がわたしを知ることを期待するような人間を析出したのである。ところが、この非対称性がほころびを見せる局面がある。高弟の顔淵《がんえん》が亡くなった時、「ああ、天われを喪《ほろ》ぼせり、天われを喪ぼせり（噫、天喪予、天喪予）」（『論語』先進）と、孔子は天を怨むのである。天を怨みもする孔子は、与えられる天命という矩《のり》をこえんばかりである。

2　墨子——天の欲することをなす

儒家のライバルであった墨家にとって、孔子の天命の思想は単なる運命論に映っていた。墨子《ぼくし》（前五世紀頃）は儒家の天命に代えて、天志という概念を用いてこう述べた。

然則天亦何欲何悪。天欲義而悪不義。然則率天下之百姓以従事於義、則我乃為天之所欲也。

我為天之所欲、天亦為我所欲。然則我何欲何悪。我欲福禄而悪禍祟。若我不為天之所欲、而為天之所不欲、然則我率天下之百姓、以従事於禍祟中也。然則何以知天之欲義而悪不義。曰天下有義則生、無義則死。有義則富、無義則貧。有義則治、無義則乱。然則天欲其生而悪其死、欲其富而悪其貧、欲其治而悪其乱、此我所以知天欲義而悪不義也。［…］

子墨子言曰、我有天志、譬若輪人之有規、匠人之有矩、輪匠執其規矩、以度天下之方圜、曰、中者是也、不中者非也。

では天は何を欲し、何を憎むのだろうか。天は義を欲し、不義を憎む。天下の人々を義に基づいて行動するように導けば、われわれは天が欲することをなすことになる。天の欲することをなせば、天もわれわれの欲することをなしてくれる。では、われわれは何を欲し、何を憎むのだろうか。福禄を欲し、災禍や祟りを憎む。もしわれわれが天の欲することをなさず、天の欲しないことをなせば、天下の人々を導いて、災禍や祟りにおいて行動させるようになる。天が義を欲し、不義を憎むことがどうしてわかるのか。それは、天下は義があれば生きていけるが、義がなければ死ぬからである。義があれば富み、義がなければ貧しくなり、義があれば治まり、義がなければ乱れるからである。つまり、天は生きることを欲し、死を憎み、富を欲し、貧を憎み、治を欲し、乱を憎むのである。これがなぜ天が義を欲し、不義を憎むかがわかるゆえんである。［…］

墨子は言う。「われわれに天志（天の意志）があるのは、ちょうど車輪作りにコンパスがあり、大工に規矩《きく》があるようなものだ。車輪作りはコンパスで、大工は規矩で天下の方円を測って、「ぴったり当たっているものが是で、当たっていないものは非である」と述べる」。

（『墨子』天志上）

墨子は天と人の関係を一方的で非対称的な関係だとは考えていない。人は天の志を体現して、天の欲することをなすが、それは逆に、人が天の欲することをなせば、天が人の欲することをなしてくれるという、天人相関を前提にしているからである。

このことは、墨子の権力論を見ても明らかである。「尚同」すなわち上位者への賛同が、その権力論の要諦であるが、これは下位の者が上位の者に賛同し、上位の者が立てた標準（「義」）を権威として受け入れるというものである。里長、郷長、国君、天子ときて、最終的な審級は天である（『墨子』尚同中）。

これが示すように、墨子が基づいているのは、政治的なヒエラルキーである。したがって、天人相関といっても、天に相関しているのは直接的には天子であって、人々一般ではない。

ところが、儒家は、一方で墨家と同様に政治的ヒエラルキーの擁護者でありながらも、他方で「君子」という概念を持ち出すことで、権力者でなくとも天に与《あずか》る可能性を開いていた。孔子が天命を口にした時、それは墨子の天志よりもずっと個人的なものであり、その意味で不穏なものであったのだ。

3　孟子――人から天への通路

人は天により積極的に与えることができるのではないか。こうした墨家の批判にどう答えるのか。これが孟子《もうし》（前三七二頃―前二八九頃）の課題となった。『論語』において孔子は、天と人の非対称性にとどまっていたが、墨家の指摘を踏まえて、人から天への通路を別の仕方で設定しなければならなかったのである。

そこで、孟子は墨家と同様に、人が天に積極的に関与することを強調する。

万章曰、堯以天下与舜、有諸。
孟子曰、否。天子不能以天下与人。
然則舜有天下也、孰与之。
曰、天与之。
天与之者、諄諄然命之乎。
曰、否。天不言、以行与事示之而已矣。

曰、以行与事示之者、如之何。

曰、天子能薦人於天、不能使天与之天下。諸侯能薦人於天子、不能使天子与之諸侯。大夫能薦人於諸侯、不能使諸侯与之大夫。昔者堯薦舜於天而天受之、暴之於民而民受之。故曰、天不言、以行与事示之而已矣。


万章が尋ねる。「堯は天下を舜に与えたというが、そうだったのですか」。

孟子が答える。「いや違う。天子は天下を人に与えることはできない」。

「それでは舜が天下を有するのに、誰が与えたのでしょうか」。

「天が与えた」。

「天が与えるというのは、諄々《じゅんじゅん》と語って命じたのでしょうか」。

「いや、そうではない。天はもの言わず、行為と事柄によってその命を示すのみである」。

「行為と事柄によってその命を示すとはどういうことでしょうか」。

「天子はある人を天に推薦できるが、天がその人に天下を与えるようにはさせられない。諸侯はある人を天子に推薦できるが、天子がその人に諸侯の位を与えるようにはさせられない。大夫はある人を諸侯に推薦できるが、諸侯がその人に大夫の位を与えるようにはさせられない。昔、堯は舜を天に推薦し、天がそれを受け入れた。そして天がそれを民に示すと、民もそれを受けいれた。したがって、「天はもの言わず、行為と事柄によってその命を示すのみである」というのである」。

（『孟子』万章上）

孟子はここで、天が天子に天下を与えるのであって、天子が次の天子に天下を与えることはできないと述べる。これだけであれば、孔子と同様に、天は「不言」ではあるものの、別の仕方で人に一方的に命を下し、人はそれを謹んで受けるということになる。ところが、孟子はここで、人の側から天に向かって働きかける権能を持ち出してくる。すなわち、天子は次の天子を天に対して推薦する権能を有しているというのである。

だが、そうだとしても、天に働きかける天子という墨家の枠組みを乗り越えることにはならない。孟子はここで、天に対して人が個人的に働きかけるという通路を持ち出す。そのための鍵となるのが、孟子が洗練した性という概念である。

尽其心者、知其性也。知其性、則知天矣。存其心、養其性、所以事天也。

その心を尽くすと、その性を知ることができる。その性を知ることができれば、天を知ることができるはずだ。その心を存し、その性を養うならば、天に事えることができる。

（『孟子』尽心上）

ここにあるように、孟子は心と性に働きかける人間のイニシアティブを強調し、それが天に直接的に繋がると考えたのである。天子だけでなく、あらゆる人が心と性の修養を通じて天に通じることができる。宋明になり儒学が復興された時に、孟子は大きな参照項となったが、その際、大いに強調されたのは、こうした個人としての人間から天への直接的な通路であった。

4 荘子――人は天を損なう

孟子にとって、墨家と並ぶもう一つのライバルは道家であった。その中でも、天に関しては、荘《そう》子《し》（生没年不明）が孟子と鋭く対立した。荘子は、孔子と子貢《しこう》に次のような対話をさせている。

子貢曰、敢問畸人。
曰、畸人者、畸於人而侔於天。故曰、天之小人、人之君子、人之君子、天之小人也。

子貢が尋ねる。「あえて畸人についておうかがいします」。
孔子が答える。「畸人は、人には畸なるもの（異なっているもの）であるが、天には等しいものである。そこで「天の小人は人の君子であり、人の君子は天の小人である」と言う」。

（『荘子《そうじ》』大宗師）


荘子は、儒家の言う君子ではなく、小人である「畸人」こそが「天に等しい」と述べる。そして、天に対する人間のイニシアティブを否定し、さらに、人為はかえって天を損なうと考えるのである。この場合の天とは、人間世界における自然的な秩序を意味する。


河伯曰、然則何貴於道邪。

北海若曰、知道者必達於理、達於理者必明於権、明於権者不以物害己。至徳者、火弗能熱、水弗能溺、寒暑弗能害、禽獣弗能賊。非謂其薄之也、言察乎安危、寧於禍福、謹於去就、莫之能害也。故曰、天在内、人在外、徳在乎天。知天人之行、本乎天、位乎得、蹢躅而屈伸、反要而語極。

曰、何謂天。何謂人。

北海若曰、牛馬四足、是謂天。落馬首、穿牛鼻、是謂人。故曰、无以人滅天、无以故滅命、无以得殉名。謹守而勿失、是謂反其真。


河伯が尋ねる。「ではどうして道を貴ぶのでしょうか」。

北海若が答える。「道を知る者は必ず理に達し、理に達した者は必ず権（臨機応変の判断）に明るく、権に明るい者は物によって己を害されることがない。至徳の者は火によって焼かれることもなく、水によって溺れることもなく、寒暑によって害されることもなく、禽獣も損なうことができない。それはその人がそうしたことに関心が薄いという意味ではなく、安危を察し、禍福を安んじ、去就を謹むことで、害されないという意味である。そこで、「天は内にあり、人は外にあり、徳は天にある」と言うのである。天と人のそれぞれの働きを知り、天に本《もと》づき、得たものに位し、自在に一進一退してゆけば、根本に返り、究極を語ることができる」。

「では、何を天と言い、何を人と言うのでしょうか」。

北海若は言う。「牛馬が四足であること、これを天と言う。馬の首に綱をつけ、牛の鼻に穴をあけること、これを人と言う。そこで、「人によって天を滅ぼしてはならない、作為によって命を滅ぼしてはならない、得た徳を名利のために犠牲にしてはならない」と言うのである。このことを謹んで守り失ってはならない。これをその真に返ると言う」。（『荘子』秋水）

荘子の議論のポイントは、「人によって天を滅ぼしてはならない」につきる。儒家が理想とする君子は、「馬の首に綱をつけ、牛の鼻に穴をあける」ような人為を行うさいたる者で、「天を滅ぼす」ことになる。他の箇所にも、「天を開く者には徳が生じ、人を開く者には賊（損なうもの）が生じる（開天者徳生、開人者賊生）」（『荘子』達生）とか、「古の真人は天を頼み、人を天には入れなかった（古之真人、以天待之、不以人入天）」（『荘子』徐無鬼）とあるのも同じ意味で、荘子は、人間こそが天を損なうものであると強烈に主張し、人為によって自然的な秩序を破壊することを戒めたのである。

しかし、だからといって、荘子はただただ天に順うことを主張したわけではない。

俄而子輿有病。子祀往問之、曰、偉哉、夫造物者、将以予為此拘拘也。曲僂発背、上有五管、頤隠於斉、肩高於頂、句贅指天。陰陽之気有沴、其心閑而无事、跰𨇤而鑑於井、曰、嗟乎、夫造物者、又将以予為此拘拘也。

子祀曰、女悪之乎。

曰、亡、予何悪。浸假而化予之左臂以為鶏、予因以求時夜。浸假而化予之右臂以為弾、予因以求鴞炙。浸假而化予之尻以為輪、以神為馬、予因以乗之、豈更駕哉。且夫得者時也、失者順也。安時而処順、哀楽不能入也。此古之所謂縣解也、而不能自解者、物有結之。且夫物不勝天久矣、吾又何悪焉。

とつぜん子輿が病気になった。子祀が見舞いに行くと、子輿はこう言った。「ああ偉大であることよ、あの造物者はわたしをこのように曲げてしまった。背中が曲がり、五臓が上に上がり、あごがへその下に隠れ、肩が頭のてっぺんより高くなり、髪のもとどりが天を指している。陰陽の気が乱れてしまったのだ」。子輿は、心は静謐でうろたえもせず、よろめきながら井戸に向かい、水面に自分を映すと、また言った。「ああ、あの造物者が、わたしをこのように曲げてしまった」。

子祀が言う。「君はそれが憎いか」。

「いや、どうして憎いことがあろうか。だんだんとわたしの左腕を化して鶏にするならば、わたしは時を告げることにしよう。だんだんとわたしの右腕を化して弾にするならば、フクロウでも撃って炙りものにしよう。だんだんとわたしの尻を化して車輪にし、心を馬とするならば、それに乗っていこう。馬車に乗らなくても済むようになる。そもそも得たのも時であったし、失うのも順である。時に安んじ、順におれば、哀楽の感情も入ってこない。これが古くから言われていた縣解（束縛を解くこと）である。束縛が解けないのは、物と結びついているからである。そもそも物が天に勝てないこと久しいのであって、わたしがこれを憎むはずもない」。

（『荘子』大宗師）

「縣解」とは、天から逆さ吊りにされている人間が、その束縛を解くという意味である。つまり、荘子は受動的な仕方で変化に付き従うことによって、かえって天からも自由な境地である「縣解（束縛を解くこと）」に達することを目指している。しかし、それは人為の追求によってではなく、徹底的に受動的な仕方で天を受け入れることによってなのだ。このことは、たとえば真人になることにも当てはまる。どんな急流でも泳ぐことのできる名手（『荘子』達生）や、刃こぼれすることなく自在に牛を捌《さば》くことのできる料理人（『荘子』養生主）は、人為を捨ててかえって自らの身体のあり方を受動的に変化させることで、その境地に達するのである。

5　荀子——天の領分、人の領分

荀子《じゅんし》（前三二〇頃—前二三〇頃）が行ったことは、こうした儒家・墨家・道家の議論を乗り越えて、もう一度孔子の天観に深く立つことであった。

まず荘子に対しては、荀子は「荘子は天に蔽われていて人を知らない（荘子蔽於天而不知人）」（『荀《じゅん》子《し》』解蔽）と述べ、荘子が人を無みして天に訴えていると批判した。そうして、荀子は人の領分を回復しようとしたのである。

とはいえ、孟子のように、天に対する人のイニシアティブを強調して、天を人間に都合のよいように動かすことを主張したわけではない。この点では、荀子は荘子により近く、天を人とは独立に運行するものと捉え、人のイニシアティブによってどうこうできるものではないとして区別する。そして、これは、孟子の手前で、孔子が立ち止まっていた、天と人との非対称性にかえって近づいているようにも見える。

こう考えてくると、荀子は天と人とを切断し、それぞれの領分の独立性を強調することで、人間の行為の意義を人の領域においてのみ回復しようとしたと言うことができる。

天行有常、不為堯存、不為桀亡。応之以治則吉、応之以乱則凶。彊本而節用、則天不能貧。養備而動時、則天不能病。修道而不弐、則天不能禍。故水旱不能使之飢渇、寒暑不能使之疾、妖怪不能使之凶。本荒而用侈、則天不能使之富。養略而動罕、則天不能使之全。倍道而妄行、則天不能使之吉。故水旱未至而飢、寒暑未薄而疾、妖怪未至而凶。受時与治世同、而殃禍与治世異、不可以怨天、其道然也。故明於天人之分、則可謂至人矣。

天の運行は常なるものであって、堯〔のような聖王〕だからといって存在するわけでも、桀〔のような暴君〕だからといって亡びるわけでもない。天の運行に応じて治めれば吉であり、天の運行に応じて乱せば凶となる。本を強め用を節すれば、天も貧しくはできない。養が備わり行動が時宜にふさわしければ、天も病気にはできない。道を修めて違うことがなければ、天も禍を下すことはできない。そうすると、水害や日照りが生じても飢渇させることはできないし、ひどい寒さや暑さでも病気にはできないし、妖怪であっても凶に陥らせることはできない。本が荒れ用が奢侈となると、天も富ますことはできない。養がおろそかで行動が時宜に適っていなければ、天も健全にはできない。道に背いて妄りに行うならば、天も吉をもたらすことはできない。そうなると、水害や日照りが生じずとも飢え、寒さや暑さがたいしたことのないのに病気になり、妖怪が現れずとも凶に陥る。このように、時を受け入れるのは治世と同じであるにもかかわらず、災禍があるという点で、治世と異なっている。しかし、天を怨んではならない。これは自分たちの採用した道がそうさせたからである。こうして天と人の区分を明らかにすれば、その人は至人であると言うことができる。（『荀子』天論）

ここに明示されているように、荀子は、人の世界における貧富・健康と病気・吉凶は、天によるものではなく、人によるものであるから、天を怨んでも仕方がない、と考える。天の運行は聖王の堯や暴君の桀と無関係であり、人がせいぜいできることは天の運行に背いた行為を行わないということである。恐れるべきは、天の変異ではなく、人の行為である。

星隊木鳴、国人皆恐。曰、是何也。曰、無何也。是天地之変、陰陽之化、物之罕至者也。怪之可也、而畏之非也。夫日月之有蝕、風雨之不時、怪星之党見、是無世而不常有之。上明而政平、則是雖並世起、無傷也。上闇而政険、則是雖無一至者、無益也。夫星之隊、木之鳴、是天地之変、陰陽之化、物之罕至者也。怪之可也、而畏之非也。

物之已至者、人妖則可畏也。楛耕傷稼、耘耨失薉、政険失民、田薉稼悪、糴貴民飢、道路有死人。夫是之謂人妖。政令不明、挙錯不時、本事不理、勉力不時、則牛馬相生、六畜作妖。夫是之謂人妖。礼義不修、内外無別、男女淫乱、則父子相疑、上下乖離、寇難並至。夫是之謂人妖。

妖是生於乱。三者錯、無安国。其説甚爾、其菑甚惨。可怪也、而不可畏也。伝曰、万物之怪、書不説。無用之辯、不急之察、棄而不治。若夫君臣之義、父子之親、夫婦之別、則日切瑳而不舎也。

星が堕ち木が鳴ると、国中の人はみな恐れる。そして、「これはいったい何であるのか」と言う。

それに対して、以下のように答える。「何でもない。それは天地の変であり、陰陽の化であり、まれに起こる事柄である。これを怪しむのはよいが、これを畏れるのはよくない。日や月に蝕が生じ、時ならずして風雨が襲い、怪星がたまたま現れるのは、どんな世でも常にあることだ。君主が明らかで政治が公平であれば、こうした変異が世に何度起こっても害はない。しかし、君主が暗愚で政治が不公平であれば、こうした変異が一度も起こらなくても益はない。星が堕ち木が鳴るのは、天地の変であり、陰陽の化であり、まれに起こる事柄である。これを怪しむのはよいが、これを畏れるのはよくない。

頻繁に起こる事柄では、人妖（人間による妖怪）を畏れるべきである。粗雑に耕して作物を損ない、いい加減な除草で収穫を失い、政治は不公平で民を失い、田畑は荒れて作物が育たず、買い付けた米の値段が高く民は飢え、路上に死者がいる。これを人妖という。政令が明らかでなく、事業は時宜を得ず、農業は整備されず、労役も時宜を得ず、牛が馬を生み、馬が牛を生み、家畜が奇怪なことをなす。これも人妖という。礼義が修まらず、内外に別なく、男女は淫乱で、父子が互いを疑い、上下が乖離し、外敵が次々に襲ってくる。これも人妖という。

妖怪は〔人の〕乱より生まれる。以上の三つの人妖が交わると、安泰な国はない。この人妖の説ははなはだ身近なものであるが、その災いははなはだ大きい。怪しむべきであるが、畏れるべきではない。古伝に、「万物の怪は記録に書いても原因を説かない。無用の弁や不急の察は棄てて治めない」とある。君臣の義、父子の親、夫婦の別は日々切磋して捨て置いてはならない」。

（『荀子』天論）

荀子が述べるのは、畏れるべきは天の災異ではなく、人の行為がもたらす妖怪である人妖についてである。人妖の「災いははなはだ大きい」のだ。

しかし、そもそもなぜ人妖が生じるのだろうか。ここに荀子の性悪説のポイントがある。それは、人間の性や情は天に由来するものであるが（「天情」、『荀子』天論）、それはそのままにしておくと乱に至るので、礼義に代表される偽（作為）によって規制しなければならない、というのだ。ここでの議論に引きつけて考えれば、荀子は、天に由来するものといえども、そのままでは肯定していない。それどころか、ひょっとすると天それ自体がどこかに乱を抱えているのではないかという天への懐疑が、そこにはほの見えるのである。

6　董仲舒――天人合一

春秋戦国時代が終わりを告げた後、秦の短い世を経て、漢の世が登場する。秦と漢はそれまでの周の王権とは異なり、皇帝を奉じる帝国であった。帝国にとっての喫緊の課題はその正統性の保証である。何によって政治的な正統性を担保するのか。ここで再び持ち出されたのが天であった。そして、この天による正統性保証を最も理論的に洗練して行ったのが、武帝期の董仲舒《とうちゅうじょ》（前一七九頃―前一〇四頃）であった。

董仲舒は「春秋の法は、人々を君主に従わせ、君主を天に従わせることである（春秋之法、以人随君、以君随天）」（『春秋繁露《しゅんじゅうはんろ》』玉杯）と言う。ここには天と人を結ぶ通路が想定されているが、それは「天と人の関係は、合して一つである（天人之際、合而為一）」（『春秋繁露』深察名号）という天人合一であった。それを董仲舒は次のように具体的に述べる。

為生不能為人、為人者天也。人之人本於天、天亦人之曾祖父也。此人之所以乃上類天也。人之形体、化天数而成。人之血気、化天志而仁、人之徳行、化天理而義。人之好悪、化天之暖清。人之喜怒、化天之寒暑。人之受命、化天之四時。人生有喜怒哀楽之答、春秋冬夏之類也。喜、春之答也。怒、秋之答也。楽、夏之答也。哀、冬之答也。天之副在乎人。

人を生むもの（父母）が人を作るのではなく、人を作るのは天である。人が人であるのは天に本づく。天は人間の曽祖父でもある。これは、人が上にあっては天に類似しているということである。人の形体は天の数（原理）を変化させて作られる。人の血気は天の志（心）を変化させて仁となる。人の徳行は天の理を変化させて義となる。人の好悪は天の暖清（暖かさと冷たさ）を変化させたものでる。人の喜怒は天の寒暑を変化させたものである。人の受命は天の四時を変化させたものである。人が生まれると喜怒哀楽の反応があるのは、〔天に〕春秋冬夏があるのと類比的である。喜は春の反応であり、怒は秋の反応であり、楽は夏の反応であり、哀は冬の反応である。天は人の傍にある。

（『春秋繁露』為人者天）

「人が人であるのは天に本づく」とあるように、人は天そのものである。したがって、理想的な世界の状態は、天と〔地と〕人が一体となった調和にほかならない。

何謂本。曰、天地人、万物之本也。天生之、地養之、人成之。天生之以孝悌、地養之以衣食、人成之以礼楽。三者相為手足、合以成体、不可一無也。

何を本と言うのか。答えて言う。「天地人が万物の根本である。天が生み、地が養い、人が完成する。天は生むのに孝悌をもってし、地は養うのに衣食をもってし、人は完成するのに礼楽をもってする。三者は互いに手足となって、合して一体となる。一つとして欠けてはならない」。

（『春秋繁露』立元神）

万物の根本である、天、地、人が一体となって機能すれば、すべてが治まる。この枠組みの中で、では、皇帝権力はどのように基礎づけられるのか。董仲舒はこう述べる。

且天之生民、非為王也、而天立王以為民也。故其徳足以安楽民者、天予之。其悪足以賊害民者、天奪之。

そもそも天が民を生じさせたのは、王のためではない。反対に、天が王を立てたのは、民のためである。したがって、その徳が民を安楽に導くのに足りれば、天は王の地位を与えるし、その悪が民に損害を与えることになれば、天は王の地位を奪う。

（『春秋繁露』堯舜不擅移、湯武不専殺）

天が王を立てたのは民のためである。こうして、天人の相関関係において政治的正統性が保証される。そうであれば、王が民のためにならなくなったらどうなるのか。董仲舒の議論の核心はここにある。つまり、天によって皇帝権を基礎づけるということは、同時に、天によって皇帝権に制約をかけるということである。

では、具体的に天はその意志をどのように示すのか。それが天譴災異と呼ばれるもので、天は災異を下して統治者に警告を与え、それが聞き入れられなかった場合は、王者を滅ぼす。

凡災異之本、尽生於国家之失。国家之失乃始萌芽、而天出災害以譴告之。譴告之而不知変、乃見怪異以驚駭之。驚駭之尚不知畏恐、其殃咎乃至。

およそ災異の本は、ことごとく国家の失政に由来する。国家の失政が萌し始めた段階で、天は災害を起こして譴告する。譴告してもその変を理解しない場合は、怪異のものを出現させて驚駭させる。驚駭させてもなお畏怖しない場合は、天の咎めは極まる。

（『春秋繁露』必仁且知）

天譴災異説が中国の重要な思想として定着していくにあたって、董仲舒の議論はその理論的なバックボーンとなった。しかし、天人合一を主張した董仲舒が目指したのは、皇帝権にどう歯止めをかけるかであり、そのために天が参照されたのである。

とはいえ、董仲舒の後、天人合一もしくは天譴災異という考えがすべてを覆い尽くしたわけではない。荘子が述べるような人が天を損なう可能性や、荀子がほのめかすような天への懐疑が残り続けていたからである。

7　王充――無為の天と有為の人

王充《おうじゅう》（二七―九七頃）が批判したのは、まさにこの天譴災異説である。この批判の背後には、天は自然であり、無為であるという道家的な思想があった。すなわち、王充は、「天道は自然であり、無為である。もし人に譴告するというと、それは有為であって自然ではなくなる。黄老の学派が〔自然、無為として〕天道を論じているのが実情を得たものである（夫天道、自然也、無為。如譴告人、是有為、非自然也。黄老之家、論説天道、得其実矣）」（『論衡《ろんこう》』譴告）と考えたのである。

儒者之説又言。人君失政、天為異。不改、災其人民。不改、乃災其身也。先異後災、先教後誅之義也。

曰、此復疑也。以夏樹物、物枯不生、以冬収穀、穀棄不蔵。夫為政教、猶樹物収穀也。顧可言政治失時、気物為災。乃言天為異以譴告之、不改、為災以誅伐之乎。儒者之説、俗人言也。盛夏陽気熾烈、陰気干之、激射繋裂、中殺人物、謂天罰陰過。外聞若是、内実不然。夫謂災異為譴告誅伐、猶為雷殺人罰陰過也。非謂之言、不然之説也。

儒者の説にまた言う。「君主が失政を行えば、天が異をなし、改めなければ人民に災いし、さらに改めなければ自分の身に災いする。異を先にして災を後にするのは、教を先にして誅を後にするという意味である」。

しかし、これもまた疑わしい。〔春に植えるべきなのに〕夏に物を植えても物は枯れて育たないし、〔秋に取り込むべきなのに〕冬に穀物を取り込んでも穀物は棄てられて収蔵できない。そもそも政治や教化を行うのは、ちょうど物を植えたり、穀物を取り込んだりするようなもので、政治が時宜を失すると、気や物が災禍をなしてしまうと言うことができるぐらいである。「天が異をなして譴告し、改めなければ災をなして誅伐する」と言うことはできない。儒者の説は俗人の言である。陽の気が熾烈な真夏に、陰の気が陽の気を犯すと、雷が起こり、それが人や物に当たって殺すことがあると、それを天が隠れた過ちを罰すると言う。外から聞くとそうであるかのように思うが、内での実際はそうではない。そもそも災異が譴告や誅伐をなすというのは、ちょうど雷が人を殺して隠れた過ちを罰すると考えるようなものだ。理由のない言葉であり、肯定できない説である。（『論衡』譴告）

ここにあるように、王充は天と人は直接に繋がってはおらず、人間世界のことは人が責任を負うと述べる。この限りで王充は、道家思想を継ぐものであると同時に、荀子の系譜にも位置していると言える。したがって、董仲舒と異なり、人は天地に似ていないからこそ、有為であると述べたのである。

問曰、人生於天地、天地無為、人稟天性者、亦当無為、而有為、何也。曰、至徳純渥之人、稟天気多、故能則天、自然無為。稟気薄少、不遵道徳、不似天地、故曰不肖。不肖者、不似也。不似天地、不類聖賢、故有為也。天地為鑪、造化為工、稟気不一、安能皆賢。賢之純者、黄老是也。黄者、黄帝也、老者、老子也。黄老之操、身中恬澹、其治無為、正身共己而陰陽自和、無心於為而物自化、無意於生而物自成。

問う。「人は天地に生まれ、天地は無為である。人が天の性を稟《う》けているのであれば、無為でなければならないのに、有為であるのはどうしてか」。

答える。「至徳で純厚な人は天の気を稟けることが多いので、天に則ることができ、自然無為である。〔天の〕気を稟けることが少ない人は道徳に従わず、天地に似ておらず、そのために不肖と言う。不肖とは似ていないという意味である。天地に似ておらず、聖賢に類していないので、有為である。天地は炉であり、造化は工であるが、人が受ける気は違っているために、みなが賢者になることができるわけではない。賢者の中で純粋な人が黄老である。黄とは黄帝であり、老は老子である。黄老のやり方は、身体は恬澹としていて、統治は無為である。身を正し、己を恭しくすることで陰陽がおのずと和し、為すことを意図しないために物はおのずと化し、生じさせることを意図しないために物はおのずと成る」。（『論衡』自然）

王充は人間を、天地に似ている無為の人と天地に似ていない有為の人に分け、前者は黄老のような例外だと考えている。もし天人の相関があるとすれば、黄老のような聖賢に限ってのことであり、その他の有為の人間は天と直接に繋がることはできないとしたのである。

8　唐代の天論――天が乱れる

その後の天論も、天と人の関係をどう捉えるかを中心に展開していった。その中でも注目すべきは唐代の天論である。仏教が中国に入ると、その壮大な形而上学の体系のもとで、人間の根拠は、天を遥かにしのぐ、仏に置かれるようになった。そのため、仏教に対抗して儒の道をもう一度構築し直そうとした人々ですら、天を素朴な形ではもはや根拠として措定することはできなかったのである。

その中で重要な人物は、韓愈《かんゆ》（七六八―八二四）と柳宗元《りゅうそうげん》（七七三―八一九）そして劉禹錫《りゅううしゃく》（七七二―八四二）である。

韓愈と柳宗元に関しては、両者の対話である「天説《てんせつ》」を見てみれば、その同一性と差異がよくわかる。

韓愈謂柳子曰、若知天之説乎。吾為子言天之説。今夫人有疾痛、倦辱、饑寒甚者、因仰而呼天曰、残民者昌、佑民者殃。又仰而呼天曰、何為使至此極戻也。若是者挙不能知天。夫果蓏、飲食既壊、蟲生之。人之血気敗逆壅底、為癰瘍、疣贅、瘻痔、蟲生之。木朽而蝎中、草腐而蛍飛、是豈不以壊而後出耶。物壊、蟲由之生、元気陰陽之壊、人由之生。蟲之生而物益壊、食齧之、攻穴之、蟲之禍物也滋甚。

其有能去之者、有功於物者也、繁而息之者、物之讐也。人之壊元気陰陽也亦滋甚。墾原田、伐山林、鑿泉以井飲、窾墓以送死、而又穴為偃溲、築為牆垣、城郭、台榭、観游、疏為川瀆、溝洫、陂池、燧木以燔、革金以鎔、陶甄琢磨、悴然使天地万物不得其情、倖倖衝衝、攻残敗撓而未嘗息。其為禍元気陰陽也、不甚於蟲之所為乎。

吾意有能残斯人使日薄歳削、禍元気陰陽者滋少、是則有功於天地者也。繁而息之者、天地之讐也。今夫人挙不能知天、故為是呼且怨也。吾意天聞其呼且怨、則有功者受賞必大矣、其禍焉者受罰亦大矣。子以吾言為何如。

柳子曰、子誠有激而為是耶。則信辯且美矣。吾能終其説。彼上而玄者、世謂之天、下而黄者、世謂之地。渾然而中処者、世謂之元気。寒而暑者、世謂之陰陽。是雖大、無異果蓏、癰痔、草木也。假而有能去其攻穴者、是物也、其能有報乎。繁而息之者、其能有怒乎。

天地、大果蓏也、元気、大癰痔也、陰陽、大草木也。其烏能賞功而罰禍乎。功者自功、禍者自禍、欲望其賞罰者大謬、呼而怨、欲望其哀且仁者、愈大謬矣。子而信子之仁義以遊其内、生而死爾、烏置存亡得喪於果蓏、癰痔、草木耶。

韓愈が柳宗元に言う。「あなたは天の説を知っているだろうか。わたしがあなたに天の説を語ってみよう。今、病み、痛み、疲れ、辱められ、飢え、寒さにふるえること甚だしい人がいるとしよう。そのことから、その人は仰ぎ見て天に呼びかけ、こう述べる。「民を損なう者が栄え、民を助ける者が亡びる」。さらに仰ぎ見て天に呼びかけ、こう述べる。「なぜこのように暴虐極まりないことを生じさせたのか」。このような人はまったく天を知らない。

そもそも果物や瓜のような飲食物が腐ると、虫がわく。人の血気が腐り、逆流し、詰まり、滞ると、できものやかさ、いぼやこぶ、はれものや痔ができ、虫がわく。木が枯れると木喰い虫が巣くい、草が朽ちると蛍が飛ぶ。これらは壊れてその後に出現したものである。物が壊れると、そこから虫がわくように、元気や陰陽が壊れると、そこから人が生まれる。虫がわくと物はますます壊れる。喰いかじったり、穴をあけたりと、虫が物に与える災禍はいよいよ甚だしい。

そこで、虫を取り除くことができる者は、物に対して功績ある者であり、虫を繁殖させてしまう者は、物の仇である。人が元気や陰陽を壊すこと、いよいよ甚だしい。原野を開墾し、山林を伐採し、泉を穿ち井戸水を飲んだり、墓を掘って埋葬したり、また穴を掘って便所を作ったり、土を高く盛って垣根や城郭、高殿や物見台を建てたり、流れを切り開いては川や水路や溜池を造ったり、さらには木で火をおこして燃やし、金属を熔かし、焼き物を作り玉を彫琢している。憔悴した天地万物はその真の姿でいられず、右往左往、攻められ損なわれ崩され撓められ、息つくことができない。人が元気や陰陽に与える災禍は、虫がもたらすものよりも甚だしいのではないだろうか。

わたしの考えでは、こうした人を削って日ごと年ごとに減らすことができれば、元気や陰陽に与える災禍は、どんどん少なくなる。これが天地に対して功績ある者であり、人を繁殖させる者は、天地の仇である。今、人はまったく天を知らないために、天に呼びかけては天を怨んでいる。わたしの考えでは、天がその呼びかけと怨嗟を聞けば、功績ある者に褒賞を与えること必ず大であり、災禍をなす者に処罰を与えることもまた大であるはずだ。あなたはわたしの説をどう考えるのか」。

柳宗元が言う。「あなたは実に高ぶるものがあってそう述べたのだろう。まことに能弁で立派であった。わたしがその説を仕上げよう。上にあって黒いものを、世に天と言う。下にあって黄色いものを、世に地と言う。渾然としてその中間にあるものを、世に元気と言う。寒かったり暑かったりするのを、世に陰陽と言う。これらは大きいとはいえ、果物や瓜、できものや痔、草や木と異なることはない。もしかりにそれらに穴をあけるものを取り除くことができる者がいたとしても、それらは物であるから、そのことに報いることはできない。〔それらを損なう者を〕繁殖させる者がいても、それに怒りをぶつけることはできない。

天地は、大きな果物や瓜であり、元気は、大きなできものや痔であり、陰陽は、大きな草や木である。これらがどうして功績ある者に褒賞を与え、災禍をもたらす者を罰することができようか。功績ある者は自らに功績を与え、災禍をもたらす者は自ら災禍を与えるのであって、天から賞罰を得ようと望むのは大いに間違っている。天に呼びかけ天を怨んで、天のあわれみや仁を望むのは、ますます間違っている。あなたは自分の仁義を信じ、その内に遊び、生きて死ぬのみである。どうして存亡得失を果物や瓜、できものや痔、草や木と関わらせることができようか」。

（柳宗元「天説」）

韓愈は天人相関の考えを厳しく批判し、人間の禍福に天は無関係であると述べる。しかし、韓愈の議論はそこにとどまることなく、さらに進んで、人間は「元気や陰陽」という天地のあり方を破壊する災厄そのものであって、人間を削って減らすことが天地万物にとっては良いことであるとまで論じる。

それを受けて、柳宗元は天人切断を強調し、「功績ある者は自らに功績を与え、災禍をもたらす者は自ら災禍を与える」と述べるとともに、「天に呼びかけ天を怨んで、天のあわれみや仁を望むのは、ますます間違っている」と述べ、天と人を絶対的に切断し、人は人間の領分において自ら禍福に責任を負うと結論づけた。天と人の間に理想的な相関関係などないという点では、韓愈と柳宗元は共通している。そして、この態度は、柳宗元の友人である劉禹錫とも共通する。

大凡入形器者、皆有能有不能。天、有形之大者也。人、動物之尤者也。天之能、人固不能也。人之能、天亦有所不能也。故余曰、天与人交相勝耳。其説曰、天之道在生植、其用在強弱。人之道在法制、其用在是非。陽而阜生、陰而粛殺、水火傷物、木堅金利、壮而武健、老而耗眊、気雄相君、力雄相長、天之能也。陽而藝樹、陰而揫斂、防害用濡、禁焚用光、斬材窾堅、液礦硎鋩、義制強訐、礼分長幼、右賢尚功、健極閑邪、人之能也。［…］

故曰、天之所能者、生万物也、人之所能者、治万物也。法大行、則其人曰、天何預人邪。我蹈道而已。法大弛、則其人曰、道竟何為邪。任天而已。法小弛、則天人之論駁焉。今以一己之窮通、而欲質天之有無、惑矣。

余曰、天恒執其所能以臨乎下、非有預乎治乱云爾、人恒執其所能以仰乎天、非有預乎寒暑云爾。生乎治者、人道明、咸知其所自、故徳与怨不帰乎天、生乎乱者、人道昧、不可知、故由人者挙帰乎天。非天預乎人爾。

すべて形を取ったものには、できることとできないことがある。天は、形あるもののうちで最も大なるものであり、人は、動くもののうちで最も秀でたものである。天のなしうることは、もちろん人にできることではない。しかし人のできることで、天のなしえないこともある。そこで私は、天と人とは互いに相手にまさる部分があると言うのだ。どういうことかと言うと、天が行うことは生殖であって、そのはたらきは強弱に現われる。人が行うことは法制であって、そのはたらきは正不正に現われる。陽の季節に物が生長し、陰の季節に活動を止めるのも、水や火が物の形を変え、木が堅く金属が鋭いのも、壮年の時には猛々しく、老年に至れば弱々しいのも、気力充実していれば相手の主人となり、腕力十分であれば相手の上に立つのも、これらはみな天のはたらきである。〔それに対して〕陽の季節に種を蒔き木を植え、陰の季節に収穫し、日照りに備えて水路を造り、火事に備えて水を撒き、堅い材木を斬ってそれに穴を開けたり、金属を溶かして刃先を研いだり、義によって悪人を抑え、礼によって長幼を区別し、賢者を引き立て功績ある者を尊び、規準を打ち立て姦邪を鎮めたりするのは、みな人のはたらきである。〔…〕

したがって、天がなしうることは万物を生むことで、人のできることは万物を治めることだと言うのである。法が広く行き渡っていると、その時代の人々は、「天が人に関わっているものか。自分は自分の道を行うだけだ」と言う。法が大いに緩むと、その時代の人々は、「道などいったい何になろうか。天にまかせておけばよいのだ」と言う。法が少し緩むと、天人の論が混乱する。自分一人の境遇から天の有無をつきとめようとするのは、間違ったことだ。

わたしの意見は次の通りである。天はつねに自分のなしうることによって、下に臨むのであって、治乱には何の関わりもないし、人はつねに自分のなしうることによって、天を仰ぐのであって、寒暑には何の関わりもない。治世に生まれれば、人の道も明白であり、誰もが自分の由来を知っているので、幸いや怨みを天のせいにしないのだが、乱世に生まれると、人の道は暗闇となり、何もわからず、人に由来することをすべて天のせいにしてしまう。しかし天が人に関わっているわけではないのである。

（劉禹錫「天論《てんろん》」上）

劉禹錫の「天論」は柳宗元の「天説」を補完している。結論部にあるように、劉禹錫もまた、天と人は互いに能力において異なり独立したものであるから、「天が人に関わっているわけではない」と断言した。柳宗元はそれを受けて、さらに次のように述べた。

余則曰、生植与災荒、皆天也、法制与悖乱、皆人也、二之而已。其事各行不相預、而凶豊理乱出焉。

わたしはこう述べよう。生殖と災害はどちらも天のものであり、法制と悖乱《はいらん》はどちらも人のものであって、二つにわかれている。天も人も自分の仕事をそれぞれが行い互いに関与せず、そこから〔天においては〕凶作や豊作が生じ、〔人においては〕治世や乱世が生じる。

（柳宗元「答劉禹錫天論書《とうりゅううしゃくてんろんしょ》」）

柳宗元は、一方で、自然が引き起こす災禍は人と無関係であり、他方で、人がもたらす悖乱は天とは無関係である、と述べる。そして、後者の災厄に関しては、あくまでも人が責任を取らなければならない。

こうした柳宗元と劉禹錫の明確な天人切断と比べると、韓愈の論には曖昧な点がある。確かに、一方で、柳宗元と同様に、「今、人はまったく天を知らないために、天に呼びかけては天を怨んでいる」のはお門違いであると論じてはいるが、他方で、「人が生じたのは天が壊れたからであり、人の有為によって天はさらに壊れていく、したがって人を削減するにしくはない」と述べて、天と人の間に否定的な相関関係を認めているからである。韓愈の思考が独特なのは、天が破壊されたからこそ人が登場し、人の行為によってさらに天が破壊されていくという点にある。天と人の領分は単純に切断されているわけではなく、人の方が天の領分に入り込み、それを毀損することがある。そして、人自身の本質もまたすでにあらかじめ毀損されている、というのである。

こうした韓愈のラディカルな天と人に対する思考は、可能性において荘子と荀子を継承するもので、人が天を損なう可能性と、天自体が乱れているのではないかという、根本的な秩序崩壊への懐疑を包含するものだ。だからこそ、韓愈は荀子と同様に、天に訴えずに、また人間の本質である性に訴えずに、人が人の世界を律する根拠を見出そうとした。そしてそれが後に「道統」と呼ばれるようになる歴史性であった。

9　宋代の天論――天人相関の回復

宋代の天論は、唐代の議論を継承しながら、もう一度天と人との相関関係を回復し、天人合一にまで至ることによって、人の世界を天によって強力に基礎づけ直そうとした。その鍵となる概念は気と理である。すなわち、天と人を貫く原理として気と理を設定することによって、天と人とを繋ぎ直そうとしたのである。

一方で、宋代の天論は、天を気すなわち物質的なものとして捉えた。たとえば張載《ちょうさい》（一〇二〇―一〇七七）は「太虚によって天という名はある（由太虚、有天之名）」（張載『正蒙《せいもう》』太和）と述べたが、太虚は気が集散する場所であることから、天は気の総体であると捉えられた。そして、人もまた気によって構成されているのであるから、気において天と人とは繋がっていることになる。

他方で、程顥《ていこう》（一〇三二―一〇八五）と程頤《ていい》（一〇三三―一一〇七）の二程子は理という形而上学的な原理を導入し、「天は理なり（天者理也）」（『河南程氏遺書《かなんていしいしょ》』巻十一）そして「性はすなわち理なり（性即理也）」（『河南程氏遺書』巻二十二上）と定義し、さらに「天と人には間断なし（天人無間断）」（『河南程氏遺書』巻十一）とすることで、理によって天と人とを繋いだ。ここで重要なことは、理としての天すなわち「天理」が人の心の中に備わるとしたことだ。「人心は私欲であり、ゆえに危うい。道心は天理であり、ゆえに精妙で捉えがたい。私欲をなくせば、天理が明らかになる（人心私欲、故危殆。道心天理、故精微。滅私欲則天理明矣）」（『河南程氏遺書』巻二十四）。人は心において天理を明らかにすることができるのである。

この両者を総合したのが朱熹《しゅき》（朱子《しゅし》　一一三〇―一二〇〇）である。

天地初間只是陰陽之気。這一箇気運行、磨来磨去、磨得急了、便拶許多渣滓。裏面無処出、便結成箇地在中央。気之清者便為天、為日月、為星辰、只在外、常周環運転。地便只在中央不動、不是在下。

天地ははじめ陰陽の気だけであった。この一つの気が運行し、摩擦を繰り返し、摩擦が速くなると、多くの渣滓《かす》が押し出される。内に出るところがないので、凝結して中央に地ができる。気の清なるものが天となり、日月となり、星辰となり、外でつねに回転する。地は中央にあって動かないだけで、下にあるわけではない。

（『朱子語類』巻第一「理気上」）

ここでは朱熹は、「気の清なるものが天となる」と述べ、天を気から構成されるものだと考えている。その一方で、朱熹は同時に、天を理としても捉えている。

天固是理、然蒼蒼者亦是天、在上而有主宰者亦是天。

天はもとより理であるが、青々としているものも天であり、上にあって主宰しているのも天である。（『朱子語類』巻第七十九「尚書二」）

理としての天は、上空の青々とした物質的なものであると同時に、「上にあって主宰するもの」でもある。そして、「天と人はもともと一つの理にほかならない。もしこの意味を理解すれば、天がどうして大で、人が小であるだろうか（天人本只一理。若理会得此意、則天何嘗大、人何嘗小也）」（『朱子語類』巻第十七「大学四」）として、やはり理によって天と人を繋ぎ、人を天に匹敵するものとして配置する。

ただし、天と人は同一の理でありながらも、機能において次のように異なっている。

人在天地中間、雖只是一理、然天人所為、各自有分、人做得底、却有天做不得底。如天能生物、而耕種必用人。水能潤物、而灌漑必用人。火能熯物、而薪爨必用人。裁成輔相、須是人做、非賛助而何。

人は天地の中間にいる。一つの理にほかならないとはいえ、天と人のなすことには、それぞれ区分があり、人がなしうることを天はなしえない。たとえば天は物を生じさせうるが、耕して種まきをするには必ず人が必要である。水は物を潤すことができるが、灌漑するには必ず人が必要である。火は物を炙ることができるが、薪に火をつけ竈で火をおこすには必ず人が必要である。事を成し遂げ互いに助け合うには、人の行為が必要なのだ。〔天地を〕賛助するということである。（『朱子語類』巻第六十四「中庸三」）

とはいえ、天と人が常に理想的に助け合うわけではないし、素朴な仕方で天と人は合一であるわけではない。朱熹はすでに、唐代の天論を経由している。さきほど見た二程子にあったように、天理が具現するはずの人の心はしばしば欲望によって曇らされているのだ。したがって、天理を存し、人欲を去るという実践がどうしても必要である。

それでも、宋代の天論が天への信頼を回復し、人間の関与、しかも天理をその心において把握することを重視しえた背景には、荘子・荀子ではなく、孟子の思想をその核心に導入したことを挙げなければならないだろう。理という概念を導入することで、宋学は孟子の性論と天論を再構築することができたのである。

ちなみに、天理と人欲の区別を捨て、天人合一をさらに徹底したのは、陸象山《りくしょうざん》（一一三九—一一九二）である。

天理人欲之言、亦自不是至論。若天是理、人是欲、則天人不同矣。此其原蓋出於老氏。〔…〕書云、人心惟危、道心惟微。解者多指人心為人欲、道心為天理、此説非是。心一也、人安有二心。

天理と人欲についての議論は、明らかに、至論とはいえない。天が理で、人が欲だとすれば、天と人は違うことになる。このような考え方の源は老子であろう。〔…〕書〔書経〕に「人心惟《こ》れ危く、道心惟れ微なり」とある。解釈する者の多くは、人心は人欲を指し、道心は天理を指すと言うが、その説は間違っている。心は一つであって、人にどうして二つの心があるだろうか。

（『陸九淵集《りくきゅうえんしゅう》』巻三十四「語録上」）

「心即理」という陸象山の説は、心と理を一つとして、天と人を含む宇宙に充ち満ちている理想を説いたのである。

10　明代の天論——理としての天を越えるもの

陽明学における天と人の関係は、宋学とりわけ陸象山の議論を継承するものであった。とはいえ、明代は天人合一が幸福に貫徹されたわけではない。明末になりキリスト教が入ってくると、中国の天のさらに高みに「天主」すなわちキリスト教に言う神が設定され、人間を超越し天をも創造する者という概念が導入されたのである。

マテオ・リッチ（利瑪竇、一五五二―一六一〇）は宋学の「主宰」という概念を参照しながら、「天主」である神を次のように説く。

西士曰、子欲先詢所謂始制作天地万物、而時主宰之者。予謂天下莫著明乎是也。人誰不仰目観天。観天之際、誰不黙自嘆曰、斯其中必有主之者哉。夫即天主吾西国所称陡斯是也。

西士が言った、「あなたはまず、天地万物を創造し常にこれを主宰する者について、質問なさいました。私は世の中にこれより明白なことはないと思います。誰でも目を上げて天を観ますし、その際、黙って「天の中にはきっとこれを主宰する者がいるに違いない」と感嘆しない者はいません。その「主宰する者」こそ天主です。我がヨーロッパで「デウス」と呼んでいる方がそれです」。

（『天主実義《てんしゅじつぎ》』上巻首篇「天主が万物を創造して、それらを主宰し維持することを論じる」、『天学初函』所収、邦訳、二七頁）

中士曰、［…］古書多以天為尊。是以朱註解帝為天、解天惟理也。程子更加詳曰、以形体謂天、以主宰謂帝、以性情謂乾。故云、奉敬天地。不識如何。

西士曰、更思之。如以天解上帝、得之矣。天者一大耳。理之不可為物主宰也、昨已悉矣。上帝之称甚明、不容解。況妄解之哉。蒼蒼有形之天、有九重之析分。烏得為一尊也。上帝索之無形。又何以形之謂乎。天之形円也、而以九層断焉。彼或東或西、無頭無腹、無手無足。使与其神、同為一活体、豈非甚可笑訝者哉。況鬼神未嘗有形、何独其最尊之神為有形哉。


中士が言った、「［…］古代の書物はたいてい天を尊いものとしています。そこで、朱子の註釈では「帝」を天と解釈し、「天は理にほかならない」と解説しています。程子はさらに詳しく、「形体の面からは天と言い、主宰の面からは帝と言い、性情の面からは乾と言う」と説明しています。ですから、「天地を崇敬する」と説くのです。いかがでしょうか」と。

西士が言った、「よくよくお考えください。もし上帝を天ということで解釈してよいとします。天は一つの広大なものにほかなりません。理から言って万物の主宰たりえないということは、先に詳しく述べた通りです。上帝という名称は非常に明らかであって、［あれこれと］解釈することはできません。ましてでたらめに解釈することができましょうか。青々として形体を持った天は、九層に分かれます。どうして唯一の尊いものと言えましょうか。上帝は形体を求めても得られません。どうして〔程子が言うように〕形体の面から〔天と〕言えましょうか。天の形は円く、九層に分かれています。東であったり西であったりしますが、頭も腹も手も足もありません。もし鬼神と一緒の生きた体であるとするならば、何とおかしな怪しい話ではありませんか。まして鬼神は形体を持たないものです。どうして最も尊い神妙なる〔上帝という〕ものだけが、形体を持ちましょうか」。

（『天主実義』上巻第二篇「天主に関する世間の人々の誤解を解明する」、『天学初函』所収、邦訳、六三―六四頁）

マテオ・リッチが、上に見た宋学の天論を踏まえていることがよくわかるだろう。その上で、リッチはそれを乗り越えようとしている。すなわち、宋学で言う理としての天は、やはり形体を有したものであって、天主もしくは上帝である神は、それを超えた、無形のものであり、天地をも主宰するものである、と言うのである。

こうしたキリスト教から出された新たな天論に反駁を加えたのは仏教徒であった。雲棲袾宏《うんせいしゅこう》（一五三五―一六一五）はキリスト教を批判した「天説」において次のように述べる。

彼雖崇事天主、而天之説実所未諳。按経以証。彼所称天主者、忉利天王也。一四天下三十三天之主也。此一四天下、従一数之而至於千、名小千世界。則有千天主矣。又従一小千数之而復至於千、名中千世界。則有百万天主矣。又従一中千数之而復至於千、名大千世界。則有万億天主矣。統此三千大千世界者、大梵天王是也。彼所称最尊無上之天主、梵天視之、略似周天子視千八百諸侯也。彼所知者、万億天主中之一耳。餘欲界諸天、皆所未知也。又上而色界諸天、又上而無色界諸天、皆所未知也。又言、天主者、無形無色無声。則所謂天者、理而已矣。何以御臣民、施政令、行賞罰乎。彼雖聡恵、未読仏経。何怪乎立言之舛也。

天主教は天主〔デウス〕をあがめてはいるが、天については、実はまだよく知らないのである。仏典によってそのことを証明しよう。彼の言う天主は、〔仏典にいう〕忉利天王《とうりてんおう》のことである。〔我々が住んでいる〕四大洲《せかい》と三十三天の支配者である。この四大洲を千ほど集めた物が小千世界であり、そこには千の天主がいる。また小千世界を千ほど集めたものが中千世界であり、そこには百万の天主がいる。また中千世界を千ほど集めたものが大千世界であり、そこには万億の天主がいる。以上の千の三乗〔つまり十億の四大洲からなる〕大千世界を支配するものが、大梵天王である。天主教のいう最高無上の天主は、大梵天王から見ると、〔中国の〕周の天子が千八百の諸侯を見るのと大体同じである。天主教が知っているのは、〔仏典にいう〕万億の天主の一人にすぎない。忉利天より下位の欲界にある諸天については知らないのである。まして欲界より上位の色界の諸天とか、さらにその上位の無色界の諸天とかは、全く知らないのである。天主教ではまた言う、「天主は、形もなく、色もなく、声もない」

と。そうなると、彼の言う天は、理にすぎない。どうして民衆を治め、政令を下し、賞罰を行うことができるだろうか。天主教徒は聡明ではあるが、まだ仏典を読んでいない。だからその教義にあやまりがあるのも、むりからぬことである。

（「天説」一、『竹窓随筆《ちくそうずいひつ》』所収、邦訳、四九三頁）

雲棲袾宏の反論は、キリスト教の神を仏典の諸天の一つに格下げするという、どちらかというと我田引水的な批判と、もう一つは、形体をもたない天主という概念を理にすぎないと断じることで、理を導入した宋学の天論ともども葬り去るというものであった。それは、かえって、宋学以前の天人相関的な天譴を行う天の回復でもあるだろう。したがって、雲棲袾宏は自分のキリスト教批判に対して、「もしも私が妬み憎む心をいだいて、奇怪な説を述べ、故意に彼の王者の教えを阻み崩そうとしているのであれば、天主の神秘的な力で「そのもくろみを」はっきりと照らし出し、猛々しい天神を使わして取り調べさせ、適切に天誅を下すがよかろう（儻予懐妬忌心、立詭異説、故沮壊彼王教、則天主威霊洞照、当使猛烈天神下治之、以飭天討）」（「天説」三、『竹窓随筆』所収、邦訳、四九八頁）と述べて、天譴を下してみよと挑発したのである。

11　清代の天論——理としての天への批判

理としての天という宋代の天論を乗り越えようとした明代の動きは、清代にも継承されていく。宋学は「理をもって人を殺すものだ」と痛烈な批判を浴びせた戴震《たいしん》（一七二四—一七七七）は次のように述べる。

程子、朱子見常人任其血気心知之自然之不可、而進以理之必然。於血気心知之自然謂之気質、于理之必然謂之性、亦合血気心知為一本矣、而更増一本。分血気心知為二本者、程子斥之曰、異端本心、而其増一本也、則曰、吾儒本天。如其説、是心之為心、人也、非天也。性之為性、天也、非人也。以天別於人、実以性為別於人也。人之為人、性之為性、判若彼此、自程子、朱子始。告子言、以人性為仁義、猶以杞柳為桮棬、孟子必辨之、為其戕賊一物而為之也、況判若彼此、豈有不戕賊者哉。

蓋程子、朱子之学、借階于老、荘、釈氏、故僅以理之一字易其所謂真宰真空者而餘無所易。其学非出于荀子、而偶与荀子合、故彼以為悪者、此亦咎之。彼以為出於聖人者、此以為出於天。出於天与出於聖人豈有異乎。

天下惟一本、無所外。有血気、則有心知。有心知、則学以進於神明、一本然也。有血気心知、則発乎血気心知之自然者、明之尽、使無幾微之失、斯無往非仁義、一本然也。荀岐而二之、未有不外其一者。六経、孔、孟而下、有荀子矣、有老、荘、釈氏矣、然六経、孔、孟之道猶在也。自宋儒雑荀子及老、荘、釈氏以入六経、孔、孟之書、学者莫知其非、而六経、孔、孟之道亡矣。

程子や朱子は常人が血気心知の自然に任せてしまっていることをよろしくないと考えて、理の必然を推し進めた。血気心知の自然のことを気質と言い、理の必然のことを性と言って、血気と心知を合して一つとしながら、それ以外に別に一つ〔理〕を立てたのである。血気と心知を分けて二つとすることを程子は退けて、「異端は心にもとづく」と述べ、さらに別に一つ〔理〕を立てることを、「われわれ儒家は天にもとづく」と述べた。その説の意味は、心が心であるのは人に由来し、天に由来せず、性が性であるのは天に由来し、人に由来しないということである。天を人と区別することは、性を人から区別することにほかならない。人が人であり、性が性であるということを、あちらとこちらのように区別することは程子や朱子から始まったのだ。告子が「人の性をためて仁義を行うのは、ちょうど杞柳《こぶやなぎ》を曲げて曲げものを作るのと同様である」〔『孟子』告子上〕と言うと、孟子は必ず弁駁したが、それは告子の説が物事を損なうと考えたからである。ましてあちらとこちらのように区別することは、物事を損なわないわけがない。

思うに、程子や朱子の学問は、老荘や仏教徒から借りたものである。たんに理の一字を、彼らの言う真宰や真空に代えただけで、それ以外は改めるところはなかった。彼らの学問は荀子から出てきたものではないが、偶然にも荀子と合致してしまう。それゆえ、荀子が悪とするものを、彼らは咎めるのであるし、荀子が聖人から出て来るとするものを、彼らは天から出て来ると考えるのである。天から出て来るものと聖人から出て来るものに違いなどない。

天下はただ一本であって、その外部はない。血気があれば心知があり、心知があれば学問によって神明まで進むことができる。それは一本であるからそうなのだ。血気と心知があれば、血気と心知の自然から発し、それをことごとく明らかにして、いささかの喪失もないようにすれば、どこにいっても仁義でないものはない。これも一本であるからそうなのだ。もしそれを分かって二つにすれば、どちらかを外部のものとせざるをえない。六経や孔子、孟子の後に荀子が出て、老荘や仏教徒が出た。それでも六経や孔子、孟子の道はなお存在していた。ところが、宋儒は荀子と老荘や仏教徒を混在させて、六経や孔子、孟子の書に加えてしまった。学者はそれが非であることがわからなかったために、六経や孔子、孟子の道は亡びたのである。

(『孟子字義疏証《もうしじぎそしょう》』理)

戴震は、宋学の言う理が、身体的な情を悪の源泉であるとして排除するために、人間や世界を限定的にしか捉えられないと批判した。つまり、宋学は理に訴えるあまり、人を天から切り離し、聖人ではない通常の人間を視野の外に置いたというのである。それに代えて、もう一度「六経や孔子、孟子の道」に復帰し、「血気」を基礎とした人間を総体として把握することを提案する。「天下は一本である」からだ。

別の言い方をすれば、戴震は理の源泉としての天を認めない。『孟子字義疏証』の序の冒頭で、「夫子の文章は聞くことができるが、夫子が性と天道について述べたことは聞くことができない」（『論語』公冶長）という一節を引用した後に、孔子は性と天道について『易』の中で論じたと述べる。具体的には、『易』に「一陰一陽これを道と謂う」とあるが、天道のことを言ったのである（易一陰一陽之謂道、則為天道言之）」（『孟子字義疏証』天道）ということである。すなわち、戴震は、世界の物質的な運動をつかさどる根源として天もしくは天道を考えていたのであって、天もしくは天道は、理のような概念で摑まえるべきではないと考えたのである。

12　近代の天——西洋的普遍に直面して

近代に入ると、科学に基づく西洋的な普遍に晒されることで、中国がそれ以前までまがりなりにも保っていた天への信頼は崩れ去った。その象徴が進化論である。進化論と言っても、チャールズ・ダーウィンのそれというよりも、むしろハーバート・スペンサーの社会進化論がより大きな衝撃を与えた。中国社会自体が生存競争のもと、従来の「天下」ではなく、西洋中心の国際秩序である「万国公法」のもとで淘汰されていくのではないかと震撼させられたのである。

厳復《げんぷく》(一八五四―一九二一)はトマス・ハックスリーの『進化と倫理』をハーバート・スペンサーの議論に引き寄せて翻訳し、『天演論《てんえんろん》』として一八九八年に完本を出版した。その自序にこうある。

近二百年、ヨーロッパの学術の繁栄は、古代をはるかに超えており、そこで得られた論理や法則はどれもこれもすばらしく、動かしようのないものになっている。ただわが古人が得たものは、多くヨーロッパに先んじている。これはこじつけや自慢で言うのではない。明白で欺きようのないものを例に挙げて、世に問うてみたい。そもそも西学のうち、最も実際的で、その法則に従えばあらゆる変化に対応できるものは、名学〔論理学〕・数学・質学〔化学〕・力学の四者にほかならない。わが『易』は名・数を経、質・力を緯とし、合わせて『易』と名づけた。宇宙の中で、質〔物質〕と力〔引力〕は関連しており、質がなければ力は働かないし、力がなければ質は存在しようがない。およそ力はみな「乾」、質はみな「坤」である。ニュートンの運動法則には三つある。第一が「静止しているものは自ら動かず、運動しているものは自ら静止しない。運動の経路は直線であり、速度は一定である」

というものである。これは言わば空前の創見である。この法則が発見されてから、天学〔天文学〕は明らかとなり、人事に利がもたらされた。わが『易』はと言えば、「乾は静止しているとき専《いちず》であるが、運動すると直《まっすぐ》になる」〔『易』繫辞上伝〕と述べている。ニュートンの後二百年してスペンサーという者があらわれ、天演〔進化〕のはたらきで変化を説明し、著書立説して、天地人を貫いて一つの理だとした。これもまた近年の傑作である。かれは天演を定義してこう述べた。「翕《あっ》まって質を合し、闢《ひら》いて力を出す。はじめは簡易だが、終わりは雑糅である」と。わが『易』はと言えば、「坤は静止しているときは翕まり、運動すると闢く」〔『易』繫辞上伝〕と述べている。エネルギー不滅の説に関しては、「自強して息《や》まず」〔『易』「乾」〕が先であり、作用・反作用の説には、「消息」〔『易』「豊」〕の考え方が早くにある。さらに「易が目に見えなければ、乾坤は終息したも同然である」〔『易』繫辞上伝〕との意味は、とりわけ「熱力が平均すると、天地は壊れる」との説に照応している。これらはすべてが偶然の一致と言えるだろうか。とはいえ、こうした考え方から、ヨーロッパの発見はみな中国にあるとか、ひどいのになると西学は東から伝わったものだとか言うのは、事実と合わないし、自分の目をくらませる説である。そもそも古人が端緒を開いたのに、後人がそれを成就できず、古人が概要を提示したのに、後人がその細部を論じることができないなら、無知無学の未開の民と同じである。父祖が賢明でも、子孫が愚鈍なら救いようがない。

（厳復『天演論』自序、邦訳、三二六―三二七頁）

西洋的な普遍を支えているのは、ニュートンに代表される、数学的な科学観である。厳復はそれに似た考えが『易』にもあったと留保を付けつつも、こうしたニュートンの「空前の創見」が「天学」に新境地をもたらしたと述べる。

もう一つの重要な創見が、スペンサーに代表される社会進化論である。それが示したのは、自然と人間の両者を貫いて「天演」という理があり、それによって中国がこれまで十分展開できなかった、根底的な変化が説明できるということである。なるほど、『易』は「一陰一陽これを道と謂う」という仕方で、ある程度変化を説明してはいたが、それは安定した天のもとにある閉じられた体系での変化にすぎなかった。それに対して、数学的科学観によって変更された近代的な「天学」は、性や理という本質それ自体が変化するほどの根底的な変化を記述するのである。

とはいえ、進化論を「天演」と翻訳したことからわかるように、厳復は天の秩序になおもある仕方で訴えかけているとも言える。たとえば、厳復は従来の中国の天論をつぎのように論じていた。

前の篇ではいずれも、力を尚ぶことが天行であり、徳を尚ぶことが人治であるとしていた。争乱の場合は天が勝り、安治の場合は人が勝る。こうした考えは、唐の劉禹錫や柳宗元といった人々の天論と合致するもので、宋以後の儒者が理を天に属させ、欲を人に属させることとは相反している。内外古今の理を語る人々はほぼ二つに分けられる。一つは教から語る者で、もう一つは学から語る者である。前者は、公理が天に属し、私欲が人に属していると考え、後者は、力を尚ぶことが天行であり、徳を尚ぶことが人治であると考える。学を言う者は、実証を期すために、天を語るのに形気を捨て去ることはないのに対し、教を言う者は、世を保つことを期すために、理を語るのに精神の教化に向かったのである。ハックスリーは「天には理があるが善はない」と述べた。これは周敦頤《しゅうとんい》が言う「誠は無為である」とか、陸象山の言う「性には善も悪もない」と同じ意味である。荀子は「性は悪であり善なるは偽である」と述べたが、それは言い過ぎたもので、性に関しては、善を知らずして悪を知ることはできない。ただし、荀子が善を偽だと考えたというのは、真偽の偽ではなく、人為を性とは別に考えたということである。後の儒者はそれを攻撃したが、荀子の主旨を捉え損ねている。

（『天演論』下、論十六「群治」）

ここにあるように、厳復は、天に関して、それを理と捉える二程子や朱熹の系譜を批判する一方で、気を強調する周敦頤や陸象山の系譜、また、天と人の領分を切断した劉禹錫や柳宗元を肯定し、さらには荀子にもある程度の理解を示している。朱子学的な道徳的な教化の枠組みは批判しつつも、学という観点から、伝統的な中国の天論や人間観を再肯定しようとしたのである。

問題は、道徳をもはや含まない「天演」という変化の中で、中国をいかにして救うのか。それが中国近代の思想課題となっていったのである。

13　現代の天――天下という中国的普遍

さて、今日の中国における天はどうなっているのだろうか。注目すべきは、近年、古典の中にある天下概念を、中国的な普遍性としてあらたに肯定しようという動きが出ていることである。たとえば、趙汀陽《ちょうていよう》（一九六一―）は「天下世界観および和諧（ハーモニー）という観念は、一種の中国的な普遍主義を暗示している」と述べる。それは、西洋的な普遍主義をも包み込むような「包含的普遍主義」である。なぜなら、中国的な存在論は西洋的な存在に先立つ「共存」を前提しているために、西洋的な価値観をも吸収できるからだ。

したがって、最もありうる状況は、中国が中国と西洋の価値観を総合し、価値観の刷新を成し遂げ、そうしてまさしく天下観念の包含性を体現するというものである。古人（『呂氏春秋』孟春紀・貴公）はこう述べた。「天下は一人の天下ではなく、天下の人のための天下である。陰陽の和は一つの種類だけを成長させるのではなく、甘露や時雨は一つの物だけを私するわけではなく、万民の主は一人に阿《おもね》るわけではない」。

（趙汀陽「天下体系的一個簡要表述」、六五頁）

この論文が『呂氏春秋』の引用で終わっているというのは興味深い。というのも、この書は、古代中国における帝国秩序が出現した、戦国末期から秦において編纂されたものであるからだ。許紀霖《きょきりん》（一九五七―）もまた天下概念を再考するが、伝統的な華夷秩序に基づいた天下の焼き直しではなく、近代を引き受けた上で、中国の文化的アイデンティティを保持しうるような「新天下主義」を唱えている。したがって、それは西洋近代の普遍と民族主義的な特殊の中間において、新しい普遍である「新天下主義」と他者に開かれ自己閉塞することのない「文化民族主義」という「普遍と特殊の融合」を目指すものだ。

新天下主義が追求するのは「良い」文明であり、文化民族主義が包含するのは「われわれの」文化である。ここでの真の問題は、いかにして他人の「良い」文明を転化して「われわれの」文化とし、民族の主体性の一部分にするかであり、また「われわれの」文化を世界という視野において、普遍的な文明に上昇させ、特殊から普遍に至らしめ、グローバルに普遍的な「良さ」を作り上げるかである。古代中国の天下主義と華夷の辨は、普遍性を特殊性に融合させ、土着文化を普遍的な文明に上昇させる知恵を提供してきた。しかし、その両者の間が断裂したことによって、近代中国における西洋文明論と狭隘な民族論という二つの極端な変異を産み出してしまった。真の問題はいかにして新天下主義と文化民族主義の中道に戻り、「良い」文明を「われわれの」文化の中に定着させ、「われわれの」文化を世界の「良い」普遍的な文明にまで昇格させるかである。

（許紀霖「天下主義／夷華之辨及其在近代的変異」、七五頁）

普遍と特殊が適切に融合し、普遍性への要求を諦めずに、しかし同時に文化的な主体性を回復すること。これが、許紀霖が望むように可能であるのかどうか、また可能だとしてもいかにして可能になるのかは、注意深く検討しなければならない。しかし、近代において一つの特殊に押し込められてしまったかに見えた中国文化が、近代を引き受けた上で、再び普遍に対して責任を負おうとすることの意義は重要である。その中で、天下さらには天が今後大きな役割を果たしてゆくであろうことは予想できる。その際、ここで見てきたような思想的遺産が、その行き過ぎに対しては歯止めになるだろうし、逆にその新たな可能性に対しては奨励するものになることだろう。

底本

程樹徳撰『論語集釈』全四冊、程俊英・蔣見元点校、北京、中華書局、一九九〇年

孫詒讓『墨子間詁』上下、孫以楷点校、北京、中華書局、一九八六年

焦循撰『孟子正義』上下、沈文倬点校、北京、中華書局、一九八七年

郭慶藩撰『荘子集釈』全四冊、王孝魚点校、北京、中華書局、一九六一年

王先謙撰『荀子集解』上下、沈嘯寰・王星賢点校、北京、中華書局、一九八八年

蘇輿撰『春秋繁露義証』、鍾哲点校、北京、中華書局、一九九二年

黄暉撰『論衡校釈』全四冊、北京、中華書局、一九九〇年

柳宗元『柳宗元集』全四冊、北京、中華書局、一九七九年

劉禹錫『劉禹錫集』上下、卞孝萱校訂、北京、中華書局、一九九〇年

張載『張載集』、北京、中華書局、一九七八年

程顥・程頤『二程集』全四冊、王孝魚点校、北京、中華書局、一九八一年

黎靖徳編『朱子語類』全八冊、王星賢点校、北京、中華書局、一九八六年

陸九淵『陸九淵集』、鍾哲点校、北京、中華書局、一九八〇年

マテオ・リッチ『天主実義』、呉相湘主編『中国史学叢書』所収、李之藻等編輯『天学初函』、台北、台湾学生書局、一九六五年

雲棲袾宏『竹窓随筆』、『和刻本漢籍随筆集』第十五集、東京、汲古書院、一九七七年

戴震『孟子字義疏証』、『戴氏遺書』第六冊、曲阜、微波榭、一七七八年

厳復『天演論』、王栻主編『厳復集』第五冊、北京、中華書局、一九八六年

趙汀陽「天下体系的一個簡要表述」、『世界経済与政治』、北京、中国社会科学院世界経済与政治研究所、二〇〇八年第十期

許紀霖「天下主義／夷華之辨及其在近代的変異」、『華東師範大学学報（哲学社会科学版）』、上海、華東師範大学、二〇一二年四四巻六期

参考文献

李杜『中西哲学思想中的天道与上帝』、台北、聯経出版事業公司、一九七八年

手代木有児「厳復『天演論』におけるスペンサーとハックスリーの受容——中国近代における「天」の思想」、『集刊東洋学』五八、東北大学、一九八七年

張岱年『中国古典哲学概念範疇要論』、中国社会科学出版社、一九八九年

志野好伸「韓愈試論——破壊の後に、幽霊と伴に」、『中国哲学研究』第十七号、二〇〇二年

マテオ・リッチ『天主実義』、柴田篤訳注、平凡社、二〇〇四年

Perkins, Franklin. 2006. Reproaching Heaven: The Problem of Evil in Mengzi. In *Dao: A Journal of Comparative Philosophy*. Vol. 5 (2). Binghamton, NY: Global Publications, Binghamton University, State University of New York.

Ivanhoe, Philip J.. 2007. Heaven as a source for ethical warrant in early Confucianism. In *Dao: A Journal of Comparative Philosophy*. Vol. 6 (3). Binghamton, NY: Global Publications, Binghamton University, State University of New York.

雲棲袾宏『竹窓随筆——明末仏教の風景』、荒木見悟監修、宋明哲学検討会訳注、中国書店、二〇〇七年

厳復『天演論』、村田雄二郎編『万国公法の時代　新編原典中国近代思想史　2』、岩波書店、二〇一〇年

アンヌ・チャン『中国思想史』、志野好伸、中島隆博、廣瀬玲子訳、知泉書館、二〇一〇年

中島隆博『悪の哲学——中国哲学の想像力』、筑摩書房、二〇一二年

王国良、工霞「論朱熹的天人観及其実践」、『社会科学戦線』、長春、吉林人民出版社、二〇一二年

第二章　化について

これから、「化」をめぐる思想史を叙述していってみたい。まず取りあげるべきなのは、やはり『易《えき》』ということになるだろう。

1　生成変化する世界と『易』

この世界が、一定の秩序にしたがっていること。しかも、この世界は、大小・長短さまざまなレベルでの異同を含みつつ、全体としては生成変化してやむことのない場であること。また、この世界に代わる別の世界はないこと。この世界に関わるこのような一連の認識は、いわゆる諸子百家の時代以降においては、学派の違いをこえた共通の了解事項であったといえる。そして、そのような認識を象徴化し、また、定型化することで、この世界に対する統一的な理解を容易にしたのが、

『易』であった。

たとえば、儒家は、『詩《し》』『書《しょ》』『春秋《しゅんじゅう》』『礼《れい》』とならぶ経書の一つとして、『易』を位置づけている。彼らにとって、生成変化してやむことのないこの世界を象徴的に、また、定型的に表現する『易』を自派に囲いこむことは、他の経書にはとぼしい宇宙論的な視座を自派の理論中に獲得することにほかならなかった。しかも、『易』において、生成変化するこの世界が象徴的に、また、定型的に表現されるというとき、それは、この世界が事後的に、あるいは、模倣的に再現されているというだけではない。『易』は、他方で占いの書でもある。『易』を用いて占う者に対しては、生成変化するこの世界が、現実と同時進行的にも、また、先行的、予兆的にも開示されうるということなのである。

『易』は、陰と陽を基礎とする、独特の象徴体系である。『易』を成り立たせる約束事を、列挙していってみよう。

『易』を構成する最小の単位は、陰と陽、より正確には、陰と陽を代表する二種類のシンボルである。ところで、陰と陽は、中国の伝統思想においても、最も基本的なカテゴリーである。しかも、カテゴリーとして不可分の一対である。陰を前提としない陽も、陽を前提としない陰も、存在しえない。陰と陽は元素としてではなく、あくまで一対のカテゴリーとして相互に対立する性格を保持しながら、相補的であり、ときに、陰と陽が相互に転化するという意味でも、不可分の関係にある。

このような陰と陽のシンボルの組み合わせを三重化すると、そこに八種類のパターン（八卦《か》）が生まれる。この八卦が、『易』の構成上では基本的な単位となる。八卦は、それ自体がすでに自然や人事に関わるさまざまなものごとを象徴している。基本的な単位である八卦をさらに上下に二重化すると、六十四種類のパターン（六十四卦）に発展する。この六十四種類のパターンが、『易』の卦である。

六十四の卦は、『易』を分節化しつつ、他方で、『易』を体系的に組成している。六十四の卦によって構成されるネットワークは、単純なものではない。陰陽の相互転化を通じて、各卦の間のネットワークは随時に再編されていくからである。そのようなネットワークが、世界のあらゆる生成変化に適用可能なパターンを供給する。生成変化するこの世界を、事実としても、また、可能態としても、パターンとしてはすでに網羅しているということである。

ネットワーク中で、個々の卦は、特定の局面を象徴する。個々の卦を構成する陰または陽のシンボルは、特定の局面中の小局面を象徴する。個々の卦を構成する陰または陽のシンボル間の相互関係は、特定の局面中における小局面の推移を象徴する。

六十四種類のパターン配置（六十四卦）と、個々の卦に個別に付せられたコメント（卦辞）および個々の卦を構成する陰または陽のシンボルにさらに個別に付せられたコメント（爻《こう》辞）を合わせたものが、『易』中の経の部分である。経に相当する部分は、孔子《こうし》に先行する聖人たちが、累積的に共同創作したものであるとされる。

『易』のテキストには、経以外の要素も含まれる。経の成立後に、経に対する注釈（伝）として執筆されたと見なされる部分である。注釈は、内容的には七つに分けられるが、そのうち三つの伝が上伝と下伝に分割されるため、形式的には十に区分される（十翼）。これらの注釈にも、やはり聖人が関与している。聖人が関与していることにより、伝もまた『易』にとって不可欠の部分となる。その執筆者とされてきたのが、孔子《こうし》である。

2　乾坤と易簡——『易』繫辞上伝第一章

孔子が執筆したとされる注釈（十翼）の中でも、繫辞伝《けいじでん》は、後世に対する影響力という点で特別な重要性をもつものである。後の儒家たちは、この世界の起源や基礎をめぐって原理論的な思索を展開しようとする際に、格好の思想的よりどころとして繫辞伝を選択する。『易』は、他の経書にはとぼしい宇宙論的な視座を提供するという意味で、儒家にとってそもそも重要な意味をもっていた。繫辞伝は、『易』の一部でありながら、その地位を逸脱するかのように、『易』自体を対象に、反省的な考察を展開していく。『易』の存立の根拠を論じ、しかも、宇宙論的な起源にまでさかのぼって明らかにしようとする。繫辞伝において、『易』は、自らの世界観を直接的に、しかも、原理論のレベルで提示しようと試みているのである。このような意味で、繫辞伝は特異であった。後にそれが規範的に参照されていくのも、ごく自然な流れだったのである。

以下に引用するのは、繫辞伝の冒頭部分である。なお、繫辞伝は、上伝と下伝に分かれる。章の区分は、朱子《しゅし》（朱熹《しゅき》　一一三〇―一二〇〇）の『周易本義《しゅうえきほんぎ》』にしたがっている。翻訳と解釈についても、朱子の注釈に基本的に依拠している。

天尊地卑、乾坤定矣。卑高以陳、貴賤位矣。動静有常、剛柔断矣。方以類聚、物以群分、吉凶生矣。在天成象、在地成形、変化見矣。／是故剛柔相摩、八卦相盪。鼓之以雷霆、潤之以風雨、日月運行、一寒一暑。乾道成男、坤道成女。乾知大始、坤作成物。乾以易知、坤以簡能。／易則易知、簡則易従。易知則有親、易従則有功。有親則可久、有功則可大。可久則賢人之徳、可大則賢人之業。易簡、而天下之理得矣。天下之理得、而成位乎其中矣。

天は尊《たか》く、地は卑《ひく》い。それに対応して、乾と坤が定まる。卑《ひく》いものから高いものまでが列をなす。それに対応して、貴賤の位置が定まる。動と静にはそれぞれの恒常性がある。それに対応して、剛と柔が区別される。一定の方向には同類が集まり、ものごとはそのグループごとに区分される。そのようにして、吉凶が生じる。天においては天象が形成され、地においては地形が形成される。そのようにして、変化が現れる。【第一段落】

ここに剛と柔はこすれあい、八卦は動かしあう。雷がとどろきわたり、風雨が潤いを与える。日月が運行し、寒くなり、また、暑くなる。乾は男を作りだし、坤は女を作りだす。乾は大いなる始まりを主宰し、坤は万物を育成する。乾はやすやすと（＝易）主宰し、坤はたやすく（＝簡）能力を発揮する。【第二段落】

やすやすとしているから理解しやすく、たやすいから従いやすい。理解しやすいから親しまれるし、従いやすいから功績があがる。親しまれるから長く続けられるし、功績があがるから大きくなれる。長く続けられるのは賢人の徳というべきものであるし、大きくなれるのは賢人の業績というべきものである。易と簡、天下の理はこれに尽くされる。天下の理が尽くされれば、天と地の中間に自らの位置を定めることになる。【第三段落】

『周易本義』は、繋《けい》辞《じ》上伝《じょうでん》第一章の本文を八つに分割して、注釈を付している。ただし、その分割は、注釈の便宜にしたがったもので、いわゆる段落をくぎっているわけではない。ここでは、試みに、三つの段落にくぎってみた。第一章の記述には、内容的な展開とも関連する、明らかな形式的特徴がうかがえる。その特徴からいって、三段落に分けるのが自然だと思われるからである。段落から段落へと重要な用語がリレー式に引き継がれ、しかも、その引き継ぎは単純には反復されない、というのがポイントである。具体的には、こうである。第一段落に登場する「乾坤」「剛柔（＝陰陽）」が第二段落に引き継がれ、第二段落の内容を主導していく。同様に、第二段落に登場する「易」「簡」は第三段落に引き継がれて、第三段落の内容を主導的に決定していく。

段落を三つにくぎることを前提にするなら、各段落の要旨については、このように整理できるだろう。第一段落、『易』の基本原理の開示。第二段落、その応用原則の例示。第三段落、『易』を経由して達成される、天・地・人の共存関係の提示。

それぞれの段落に即して、詳細に読んでいってみよう。

第一段落では、まず、『易』構成上の基本的な単位である八卦のうち、乾が天を、坤が地をそれぞれ象徴することが示される。この世界を構成する最も基本的であり、決定的でもある要素が、天と地である。その天と地を、乾と坤が象徴するということは、八卦の中でも乾と坤が最重要な単位であることを表す。天地の空間的な上下関係は、そのまま両者の貴賤の関係に転じられる。乾と坤の間にも、上下・貴賤の固定的な関係は反映されていく。また、天の性格は陽で代表され、地の性格は陰で代表される。それに対応して、乾は純陽の卦として構成され、坤は純陰の卦として構成される。陽には、さらに、剛と動の性格が結びつき、陰には、柔と静の性格が結びついていく。陽と剛と動、陰と柔と静は、共通の性格を増幅することを通じて、また、相反する性格を対立させることを通じて、さらに、相互に転化することによって、この世界に変化をもたらし、そこに、吉凶を生みだす。これらの変化や吉凶は、当然、乾と坤を媒介として『易』に忠実に反映され、また、『易』自体を特徴づけてもいくだろう。

この段落に登場した「乾坤」「剛柔（＝陰陽）」が、第二段落ではキーワードになっていく。

第二段落では、天地を象徴し、天地の間の変化を反映する乾と坤を両極として、その間に八卦中の他の六つの卦が生みだされること、八卦がさらに自らを重層化して、六十四の卦が組成されていくことが示される。天と地が交わって、そこにこの世界のもろもろの要素が生みだされるようにである。八卦が勢ぞろいし、六十四の卦が出そろうのも、陰と陽が運動し、相互に接触することによる。八卦として、乾は純陽であり、坤は純陰であったのに対し、他の六つの卦は陰陽双方によって構成される。一陰二陽の三卦と一陽二陰の三卦が登場するのである。第二段落中に列挙されている、雷、風雨、日、月、男、女は、いずれも新たに登場した六卦がそれぞれに象徴するものである。このようにして、天地の間の変化は、『易』の中により細密に象徴されるようになった。ところで、天地の間の変化は、実際には、天地がそれをつねに主導し、天地間では、天がつねに主導して、地がそれを補完する。同様に、『易』においては、乾坤がすべての変化を主導し、乾坤間では、乾がつねに主導して、坤がそれを補完する。乾の主動については「易（やすやすと）」、坤の補完は「簡（たやすく）」なされるとも、第二段落の最後には描写される。天地とそれを象徴する乾坤が主導する生成変化は、「易簡」という表現で最も的確に形容されるということである。

この「易簡」が、第三段落のキーワードとなっていく。

第三段落では、生成変化に対する、乾坤の主導性、さらには、乾坤によって象徴される天地の主導性を自ら模倣し、体現する者が、賢人と呼ばれている。賢人は、『易』を通じて乾坤の「易簡」を学び、さらに、それを模倣し、体現することで、賢人にふさわしい徳をそなえ、賢人にふさわしい業績をあげた者である。賢人とともに、「天下の理」は尽くされる。賢人は、民衆の支持をえているからである。そのとき、賢人は、すでに天と地の間にしかるべき位置を占めているとされる。賢人とは、天地と並び立ち、天地に対して人として独自の貢献をする存在なのである。賢人の登場とともに、この世界の生成変化は、天地だけでは完結しない段階に入ることになる。

賢人は、「易簡」を学び、模倣するという意味では作為的、目的的でもあり、すでに「易簡」を体現しているという意味では作為性、目的性を超越してもいる。つまり、賢人は、作為性との関わりで、両義的な存在とならざるをえない。他方で、賢人は、天地を象徴する乾坤の「易簡」を学び、模倣するという意味では天地に従属的でもあり、賢人の賢人たるゆえんが、最終的には民衆の支持をえている（＝「天下の理」を尽くす）点に認められるという意味では、天地から独立してもいる。つまり、賢人は、天地との関わりでも、両義的な存在とならざるをえない。天地と並び立ち、天地に対して人として独自の貢献をする賢人は、この二重の両義性を主体的にひきうけることになる。

このような賢人の登場を可能にしたのも、『易』である。すべては、『易』を通じて乾坤の「易簡」が人に公開され、賢人への道が開かれたところに始まっているのである。

3　無為と『易』——鄭玄

ところで、「易簡」は、乾坤が主導する生成変化を直接的には形容していた。乾坤が主導する生成変化は、実際には『易』の中に生じる生成変化のすべてでもある。とすれば、『易』全体を形容する表現にも転用できるだろう。後漢の鄭玄《じょうげん》（一二七―二〇〇）は、それに同意した上で、『易』を形容する表現としては、あと二つ適当なものがあると指摘している（「易賛《えきさん》」・「易論《えきろん》」）。「変易」と「不易」である。変わりつつ（変易）変わらない（不易）もの、しかも、ごく自然にやすやすとそのようである（易簡）もの。それが、『易』だというのである。

先ほども見たように、六十四の卦によって構成される『易』のネットワークは、単純なものではない。すべての卦は、潜在的には、他のすべての卦と結びついている。しかし、占いを通じて、実際に起動するネットワークは、つねに単線的でもある。他の卦との関係は、接続されるか、切断されるかのいずれかである。占う者がいつどこで何を占うかによって、それが決定される。というのも、占いの結果として実際に示されるのは、与えられたある卦が、陰陽の相互転化を通じて他の卦に変転していくかどうかということだからである。占うごとに、各卦の間のネットワークは随時に再編されていく。つまり、つねに、変化するのである（変易）。

『易』において、卦と卦を結びつけるネットワークは、占うごとに随時に再編される。しかし、その過程でも、変化しないものがある（不易）。『易』が象徴しているこの世界に本来的に存在している、並行的ではない関係は、陰陽の相互転化に左右されることがないからである。たとえば、天地の空間的な上下関係が、自動的に両者の貴賤の関係に転じられて、乾と坤の間にも、上下・貴賤の固定的な関係が反映されていく点が、それにあたる。また、六十四の卦の随所に象徴されているような、君臣や父子などの政治的・血縁的な上下関係などが、それにあたる。

『易』のネットワークは随時に再編されていくが、それは、『易』において、乾坤が主導する生成変化と一体的である。乾坤が象徴する天地の間の生成変化は、自然本来のスムーズさのうちになされるものである。同様に、『易』の中に生じるすべての変化も、天地を象徴する乾坤に主導されて、自然にやすやすとなされていくはずである（易簡）。

こうしてみると、鄭玄が、「易簡」「変易」「不易」の三語で『易』を形容し、特徴づけたことは、十分に説得的であるように思われる。ところが、鄭玄はそこにとどまらない。彼は、『易』にさらなる特徴を付け加えようとするのである。

鄭玄は、前漢末期以降に相ついで出現した緯書に強い関心をもっていたことでも知られる。緯書は、経書に対する緯書である。聖人の教えを伝える経書を補完する目的で、前漢末期以降に相ついで出現したのが緯書である。しかも、その内容は多分に神秘主義的要素を含むものであった。そのような緯書の一つに、『易乾鑿度《えきけんさくど》』があり、鄭玄は注を付している。それは、単なる注釈ではない。その鄭玄は、自らの注釈を通じて、思想文献としての『易』の影響力を拡張しようと試みるのである。

『易乾鑿度』の冒頭部は、「孔子曰、易者、易也、変易也、不易也」で始まる。孔子のことばが引かれ、『易』の特徴がやはり三語で語られる。しかし、先の鄭玄説とは異なり、最初に、「易簡」ではなく、「易」が挙げられている。その「易」に対して、鄭玄は、「寂然無為」、「易道無為」と順次読み換えを行っている。この読み換えは、繋辞上伝第十章に、「易、无思也、无為也、寂然不動、感而遂通天下之故（易は思う無〔無＝无〕きなり、為す無きなり、寂然として動かず、感じて遂に天下の事〔事＝故〕に通ず）」ともあるように、十分に根拠が認められるものである。繋辞上伝第十章の一節自体は、占う者の問いかけに呼応して、それまで「無思、無為、不動」であった『易』が始めてその自在の働きぶりを表す、と解釈してよさそうである。『易』の特徴である「易簡」の作用の表れを、そこに読みとることもできそうである。問題は、『易乾鑿度』の後段に、「有形は無形に生じる」と述べられている点である。鄭玄は、「易」＝「無為」の解釈を、この「無形」の性格に重ね合わせていくからである。今や「無為」である「易」は、単に「易簡」であるだけではない。それは、天地の間の生成変化が自然にスムーズになされることや、『易』の中に生じるすべての変化が自然にやすやすとなされていくことを指すというよりは、それらを可能にする何ものかを指している。「無為」である「易」は、「有形」である世界の起源や根拠である「無形」なるものに関わる特徴として、位置づけなおされているのである。

後の魏晋の時代に、この世界の深層的な真実を表す書として、『易』が、老荘とならび称されるようになる背景には、儒家の側からするこのような逸脱的な『易』の読みこみがあった。ただし、鄭玄は、「無形」から「有形」にいたる連続的な生成をイメージしていたわけではない。彼は、「無」（無形、無為、無物）が、この世界に「有るもの」を直接的に生みだすとは想定していないからである。「無」は「有るもの」に先行し、その意味で「有るもの」の起源や根拠とも見なされる。しかし、「有るもの」は、忽然としておのずから生じる。彼の生成論的図式には、「無」から「有」へと飛躍する過程に、決定的な切断面が引かれている。

「無」と関係づけることで、鄭玄は、『易』を新たな文脈上に位置づけなおそうとした。ただ、その考え方はわかりやすいとはいえない。後に、魏の王弼《おうひつ》（二二六―二四九）は、生成論も含めた通時的な文脈から『易』を解放し、共時的な文脈に一本化して、『易』と「無」を整合的に結びつけていく。彼によれば、この世界と同様に、『易』の世界を根拠づけているのも「無」（本質）である。その「無」を根拠としてあらゆる現象（「有」）は、この世界においても、『易』においても現れるべくして現れる。『易』の根底に設定される「無」は、きわめて機能的に「有」へと結びつけられていくのである。

「無」との関係づけも含めた、『易』の性格づけに関わる鄭玄説自体は、唐代に成立する『周易正義《しゅうえきせいぎ》』にも受けいれられてはいる。ただし、その鄭玄説は、すでに王弼の理論によって濾過されたあとの鄭玄説である。『周易正義』に王弼注が採用されている以上、それも当然である。いずれにしろ、世界を「無」によって根拠づける発想を、『易』解釈に導入した鄭玄ショックの余波は、王弼や孔穎達《くようだつ》（五七四―六四八）による軌道修正をへながら（『周易正義』）、その後にもおよんでいくことになった。

4　天地と三となる――『中庸』からの道

『易』繋辞上伝第一章では、天地とそれを象徴する乾坤が主導する生成変化のあり様が「易簡」と形容され、賢人は、その「易簡」を学び、模倣し、さらには、自ら体現することにより、天地と並び立ち、天地に対して人として独自の貢献をする存在になる、と指摘されていた。人が天地と並び立ち、天地に対して独自の貢献をしていくことを、『中庸《ちゅうよう》』では、より直接的に「天地と三となる」と表現する。しかも、『中庸』は、「天地と三となる」ためのルートを、繋辞上伝とはまったく別の出発点から描いていくのである。『中庸』第一章で、その点を確認してみよう。なお、章の区分は、ここでも朱子の『中庸章句《ちゅうようしょうく》』にしたがっている。解釈についても、朱子の注釈に基本的に依拠する。『中庸』は、『大学《だいがく》』とともにもともとは『礼記《らいき》』中の一篇であったが、『論語《ろんご》』『孟子《もうし》』とならんで四書として位置づけられることで、朱子学以降の時代に大きな影響力をもった。

　天命之謂性、率性之謂道、修道之謂教。道也者、不可須臾離也、可離非道也。〔…〕喜怒哀楽之未発、謂之中。発而皆中節、謂之和。中也者、天下之大本也。和也者、天下之達道也。致中和、天地位矣、万物育焉。

天が命じたものを性という。性にしたがうことを道という。道を修めることを教えという。道は、一瞬たりとも離れることはできない。離れられるようなものは、道ではない。［…］喜怒哀楽がいまだ現れない状態を中という。喜怒哀楽が現れて、それが節度にかなっている状態を和という。中は、天下の大本である。和は、天下の達道である。中和を極めれば、天地もおのずとしかるべきところに位置するし、万物もおのずと健やかに生育する。

上の翻訳をふまえながら、引用箇所を少し敷衍していってみよう。

人は、すべて天命として一律に性（本性）を賦与される。その性にしたがうことが、人としての道である。人としての道を、より万人向けに体系化するなら、それが教えとなる。人としての道を実践するとは、自らの性にしたがうことにほかならないから、その道から逸脱することは本来的にできないし、ありえない。喜怒哀楽の感情が性から発現する前の状態が中である。つまり、中とは性に対する形容である。喜怒哀楽の感情が性から発現して節度にかなっている状態、つまり、人としての道にかなっている状態が和である。「中は、天下の大本である」とは、天下に通ずる人としての道の根本が、天命である性（＝中）にあるということであり、「和は、天下の達道である」とは、人としての道にかなった感情の調和（＝和）が天下にあまねく通じていくということである。人としての道を実践するにあたっては、感情の発現（中から和への推移）をいかに的確に開放し、制御するかという配慮が重要になる。その配慮を極めることが、人としての道を極めることであり、そのときには、天地の正しいあり様にも、万物の健やかな生育にも、すでに人は深く関与していることになる。

天地に対する人の独自性の発揮は、ここでは、天命として賦与される性を起点として始められる。起点は、人の本性として、最も深いレベルで内面化される。そのとき、人は、その内面の最も深いレベルから主体化されることになる。人が、その性を自らの本性として自覚し、本性を具体的な一連の行為に表現していくなら、それが道となる。しかも、人の性は、すべての人に共通するから、その道は単に私の道なのではなく、人としての道そのものとなる。そして、人としての道の実践は、性から発現する情に対して、人が的確に配慮するところから始められるともされる。実践の起点も、再び内面化されるのである。そのとき、人は、感情のレベルでも、自らを主体化することが要請される。性と情の二重の内面性を通じて、人が自らを二重の主体として形成していき、人としての道を外向的に実践していった究極に、天地に対する人の独自性が最終的に認定されることになる。

『易』繋辞上伝では、天地と並び立ち、天地に対して人として独自の貢献をする賢人への可能性は、『易』を通じて乾坤の「易簡」が公開されたところに始まっていた。それは、賢人に対して掲げられた、大いなる目標である。賢人は、その目標を達成したことで賢人となる。その際に、賢人は、賢人であることによって、二重の両義性をひきうけていた（作為的であって、かつ、そうではない。天地に従属的であって、かつ、そうではない）。しかし、そこでは、賢人の内面は一切問題化されていない。それに対して、『中庸』がモデルとして提示するのは、性と情の内面性を通じて自らを二重に主体化した人である。そのような人が、人としての道を究極まで外向的に実践していくなら、人は天地に対して独自の地位を占めるはずなのである。『易』繫辞上伝の賢人は、『中庸』において、内面性を有する主体として描きなおされているかのようである。

『中庸』が提示する新たな主体のイメージを、第二十二章からも確認してみたい。

> 唯天下至誠、為能尽其性。能尽其性、則能尽人之性。能尽人之性、則能尽物之性。能尽物之性、則可以賛天地之化育。可以賛天地之化育、則可以与天地参矣。
>
> 天下の至誠なる者だけが、自らの性を尽くすことができる。自らの性を尽くすことができる者が、人の性を尽くすことができる。人の性を尽くすことができる者が、物の性を尽くすことができる。物の性を尽くすことができる者が、天地の化育に参与することができる。天地の化育に参与することができる者が、天地と三〔参〕となることができる。

性と情の内面性を通じて自らを二重に主体化した人は、ここでは「至誠」なる者と表現される。内面的にも、主体としても、誠実であり、充実している者である。「至誠」である内面と主体は、おのずと外へ外へと拡充していく。人としての道の実践は、自らに始まり、他者を経由し、万物にまでいたる。その最終局面で、「至誠」なる者は、天地の化育に直接に参与するだろう。「天地と三〔参〕となる」のである。天地によって生みだされた人が、今や天地と並び立つ。これが、人としての理想となる。

5 「天地の和」としての楽――『礼記』楽記

ところで、『中庸』第一章では、「和は、天下の達道である」と指摘されていた。人としての道にかなった感情の調和（＝和）は、天下にあまねく通じていくという趣旨であった。それは、「天地と三となる」者＝「至誠」なる者によって現実化されるだろう。そのとき、天下は和を通じても一つになっているはずである。天下は、道に親和的、同調的な感情の調和に満たされ、人々は、うるわしい感情の調和を通じても一体化しているはずである。「和」とともに語られる理想状態とは、具体的にはどのようにイメージされるものなのだろうか。『礼記』楽記《がくき》は、そのイメージを、音楽による教化の浸透した社会として描きだす。楽記から関連する部分を参照してみよう（『史記《しき》』楽書《がくしょ》にも、ほぼ同内容の文章が見られる）。なお、章の区分については、王夫之《おうふうし》（一六一九―一六九二）の『礼記《らいき》章句《しょうく》』にしたがう。まず、第二十二章である（文字の異同が少し見られるが、この一節は、『漢書《かんじょ》』礼楽志《れいがくし》にも引かれている)。

楽也者、聖人之所楽也、而可以善民心。其感人深、其移風易俗、故先王著其教焉。

楽は、聖人の楽しむものであり、民心を善導することのできるものである。それは、人を深く感化し、風俗を移しかえる。そこで先王はその教えを明らかに示した。

ここでは、統治に関わる、音楽の特別な働きとその効果が描かれる。音楽は、聖人(=先王)にとっては心から楽しめるものである。しかし、聖人の統治する民衆にとっては、音楽は、彼らを心の奥底から感化し、善へと目覚めさせ、彼らの風俗をより良い方向に変化させる教化の装置として現れる。教化の過程は、あくまでスムーズに、漸進的に進行するだろう。楽は、直接的には、民衆の感情に働きかけて、彼らの感情を教育し、変化させる。楽を通じての感情教育の累積が、風俗の変化をもたらすはずなのである。

楽を通じてなされる感情教育の効果を、第二十三章ではこのようにも述べている。

楽行而倫清、耳目聰明、血気和平、移風易俗、天下皆寧。

楽が広く行われるなら、人と人の関係は正され、人の耳目は聡明に、血気は安定し、風俗は移しかえられて、天下はすべて安泰となる。

ただし、教化は楽だけでは完結しない。教化は、礼によってもになわれるからである。礼と楽は、どのような意味で並立し、役割を分担しあうのか。その点について、第十一章で確認してみよう。

楽者、天地之和也。礼者、天地之序也。和、故百物皆化。序、故群物皆別。楽由天作、礼以地制。過制則乱、過作則暴。明於天地、然後能興礼楽也。

楽は、天地を調和させるものである。礼は、天地を秩序づけるものである。楽が天地を調和させるから、すべての物は生成変化する。礼が天地を秩序づけるから、すべての物は区別される。楽は天にのっとって作られ、礼は地にならって制作される。礼が誤って制作されれば混乱し、楽が誤って作られればいきすぎになる。天地に通じる者であってこそ、礼楽による教化を振興させることができるのである。

礼楽は、人々を教化する装置として、聖人が制作したものである。しかし、それらは、そもそも宇宙論的なレベルで語るべきものでもある。礼と楽は、それぞれ、地と天を模範として制作される。

天地を模範として礼楽が制作され、運用されるとき、礼楽は人々を教化し、人々の社会に秩序と調和をもたらす装置として機能するだけではない。それらは、天地とそこに生成変化するすべての物にも秩序と調和をもたらすはずである。天地に通じる者こそが、聖人であり、「天地と三となる」者＝「至誠」なる者である。聖人による礼楽の制作は、天地の秩序が維持され、天地の調和が実現するかどうかのかかった一大事件となっていく。

礼楽の起源とその効用を宇宙論的なレベルから論じるという点では、第十六章の記述はより詳細である。しかも、そこでは、『易』繋辞上伝第一章と重複する表現も登場する。参照してみよう。傍線を引いた部分が、『易』繋辞上伝第一章と内容的に重複している。ただし、字句には一部異同がある。また、論旨の展開を明示するために、段落は三つに分けている。

天尊地卑、君臣定矣。卑高以陳、貴賤位矣。動静有常、小大殊矣。方以類聚、物以群分、則性命不同矣。在天成象、在地成形。如此則礼者天地之別也。

地気上斉、天気下降、陰陽相摩、天地相蕩。鼓之以雷霆、奮之以風雨、動之以四時、煖之以日月、而百化興焉。如此則楽者天地之和也。

化不時則不生、男女無辨則乱升、天地之情也。及夫礼楽之極乎天而蟠乎地、行乎陰陽而通乎鬼神、窮高極遠而測深厚。

天は尊《たか》く、地は卑《ひく》い。それに対応して、君臣の地位が定まる。卑《ひく》いものから高いものまでが列をなす。それに対応して、貴賤の位置が定まる。動と静にはそれぞれの恒常性がある。それに対応して、小さいものと大きいものが区別される。一定の方向には同類が集まり、ものごとはそのグループごとに区分される。性と命のあり方はそれぞれに異なるからである。天においては天象が形成され、地においては地形が形成される。このような意味で、礼は天地に区別を設けるものである。【第一段落】

地の気は上昇し、天の気は下降する。陰と陽はこすれあい、天と地は動かしあう。雷がとどろきわたり、風雨が勢いをつける。四季が循環し、日月が暖めて、大いなる生成変化がひきおこされる。このような意味で、楽は天地を調和させるものである。【第二段落】

生成変化はその時をえなければ行われず、男女に区別がなければ混乱が生じる。これが、天地の情である。礼楽の働きは、天にまで至り、地にあまねく、陰陽におよび、鬼神にまで通ずる。高さを窮め、遠さを極め、深さと厚さの極致にまで至る。【第三段落】

『易』繋辞上伝第一章においては、天地による豊饒な生成変化の営みが、『易』を通じて象徴されるという文脈の中で、類似の表現が用いられていた。ここでは、同様の表現が、礼楽の起源を描き出すために用いられる。天地が表しだす生成変化には、固有の秩序と調和が内在し、礼楽はそれらを模範として制作される（第一段落、第二段落）。しかも、そのような礼楽は、天地に対して独自の貢献をする。礼楽は、ほとんど天地と一体化し、また、同程度に自然化して、天地による豊饒な生成変化の営みを下支えするのである（第三段落）。しかも、その影響力は、死者の霊である「鬼神」にまでおよぶ。祖先の霊は、当然、祭礼の対象になるべきだし、祭礼は、祖先の霊を感動させるべきものだからである（「鬼神」の問題については、後の節で、再度とりあげる）。

6　風を移し俗を易える——楽の効用

楽記の第二十二章でも第二十三章でも、楽による民衆教化は、「風を移し俗を易《か》える」効果をもたらすことが強調されていた。もちろん、このような効果は、聖人が制作した特別な楽にのみ期待できるものである。楽記によれば、聖人は、天地が表しだす生成変化とそこに内在する調和性を模範にし（第十六章）、とりわけ、天自体のあり様を模範にして（第十一章）、楽を制作したはずである。その効用は、現実にどのように発揮されるものなのか。この点について、もう少し検討を加えていってみたい。手がかりは、前漢の董仲舒《とうちゅうじょ》（前一七九頃—前一〇四頃）の文章である（『漢書』董仲舒伝《とうちゅうじょでん》）。聖人たちは、かつて理想的な統治を行っていた。しかし、それも失われて久しい。一体どのようにしたら再興できるのか。また、災異（災害と異常現象）はなぜ起こるのか。武帝《ぶてい》の下問に対して、董仲舒はこう答えている。

道者、所繇適於治之路也、仁義礼楽皆其具也。故聖王已没、而子孫長久安寧数百歳、此皆礼楽教化之功也。王者未作楽之時、乃用先王之楽宜於世者、而以深入教化於民。教化之情不得、雅頌之楽不成。故王者功成作楽、楽其徳也。楽者、所以変民風、化民俗也。其変民也易、其化人也著。［…］及至後世、淫佚衰微、不能統理群生、諸侯背畔、残賊良民以争壌土、廃徳教而任刑罰。刑罰不中、則生邪気。邪気積於下、怨悪畜於上。上下不和、則陰陽繆盭而妖孽生矣。此災異所縁而起也。

道とは、それによって統治を行っていく道筋のことであります。仁義礼楽は、すべてそのための道具です。聖王が亡くなった後も、その子孫が数百年もの長期にわたって安泰でいられるのも、すべて礼楽による教化の功績にほかなりません。王者は、いまだ自らの楽を制作するに至らない間は、先王の楽の中からその治世にふさわしいものを選んで、民衆を深く教化いたします。教化の実があがらなければ、『詩経《しきょう》』の「雅《が》」や「頌《しょう》」とともに演奏されたような楽は完成いたしません。王者は、功績を成しとげてから、楽を制作し、自らの徳を楽しむのです。楽は、民の風を変化させ、民の俗を変化させるものです。民をやすやすと変化させ、明らかに変化させるものです。［…］後世に至ると、政治は混乱衰微して、民衆を十分に統治することもできなくなりました。諸侯は王者から離反して、互いに良民を侵害して領地を争いあい、道徳による教化を捨てては、刑罰の力にたよるのみです。刑罰が不適切であれば、そこに邪気が生じます。邪気が下に蓄積されれば、怨みつらみが上に向けて蓄積されていきます。上下が不和であれば、陰陽の運動も不順となり、妖しい現象が生じることになります。このようにして、災異は起こってくるのです。

董仲舒もまた、「風を移し俗を易《か》える」、楽による民衆教化の効果を強調している。その効果は、深く、速やかで、しかも、長い（数百年におよぶ）。しかし、新たな聖人＝王者が数百年の後には登場して、新たな楽を制作しないなら、いずれ前代の楽はその民衆教化の効用を失ってしまうだろう。そこに、上下の不和もきざしていく。そして、楽は、天地を調和させるものでもあった。時代の変化に合わせて、新たな楽が制作されないなら、天地の間の調和も失われていく。そこに、災異が発生するだろう。楽は、人々の間に調和をもたらし、天地の間に調和をもたらす。そのような楽が見失われるとき、人々の間の不和、とりわけ、上下の間の不和は、天地の間に生起する自然現象の失調に直結していく。災異の発生に関し、董仲舒はこのように述べていく。

このような考え方が、いわゆる天人相関説と呼ばれるものである。そこでは、人と天地は、あるいは、人と天は（天と地の両者間では、天がつねに地を主導することが前提とされるから、天は地も代理しうる）、連続し、循環する一つのシステムとしてとらえられることになる。このシステムの循環がそこなわれるとき、その原因はつねに人にある。礼楽による教化、なかでも、楽を通じての、深く、速やかで、長きにおよぶ教化がいきわたらないときに、このシステムは混乱し、システムを修復するよう、警告を相ついで発する。天人相関説によれば、その警告こそが災異なのである。

『易』繫辞上伝に提起されていた賢人は、天地との関わりで、あくまで両義的な立場を維持していた。天人相関説においては、人と天が、両者を結びつけ、両者の間を循環するシステム中に、ほとんど未分化に位置づけられるときが理想状態ということになるだろう。両者が分化するとき、システムは警告を発する。時代は前後するが、それとは対照的な立論を展開していたのが、『荀子《じゅんし》』であった。『荀子』は、天と人との間に一線を画し、人の側にあくまで人為（「偽」）の明確な領分を確保しようとする（天論《てんろん》・礼論《れいろん》）。それが、礼であり（礼論）、また、楽である（楽論《がくろん》）。

その中でも、楽論は、形式的には、墨子《ぼくし》（前五世紀頃）の音楽否定論を論駁しながら、記述を進めていく点に特徴がある。ただし、その内容に目を向けると、別の特徴に気づかされる。そこには、『礼記』楽記と共通する表現が散見される。ところが、楽記中の、楽と天の結びつきに関わる表現だけは、すべて周到に避けられ、排除されているのである。『荀子』は、きわめて意識的に、楽を人為の領分中に囲いこもうとする。その上で、「風を移し俗を易《か》える」、楽による民衆教化の効果を強調していくのである。

「風を移し俗を易《か》える」、楽の強力な作用に対する言及は、漢代を過ぎると、急速に減少していく。それは、天人相関説が実質的な支持を失っていった過程に、おそらく並行している（天人相関説的な議論の形式だけは、形骸化しながらも、清代まで存続している)。「風を移し俗を易《か》える」という既成の表現とともに楽を語った者として、ほとんど最後に位置づけられるのが、竹林の七賢として知られる阮《げん》籍《せき》(二一〇—二六三)(「楽論」)や嵇康《けいこう》(二二四—二六三)(「声無哀楽論《せいむあいらくろん》」)である。ただし、彼らの語り方は、すでに儒教的な文脈から逸脱している。彼らは、当時の流行にしたがって、無為や自然を、世界の根拠として、また、王者の統治の根拠として設定した上で、その前景に、「風を移し俗を易《か》える」、楽の多いなる働きを論じていくのである。

7 生成変化する世界を別様に表現する——『易』繫辞上伝第五章

ここで、再び『易』繫辞上伝を参照してみることにしたい。その第五章である。そこには、生成変化する世界とその秩序に関わって、また、それらを象徴的に表現する『易』の位置づけに関わって、第一章とは別様の指摘がなされている。その指摘に注目するのは、それらに対する解釈の相違が、後に、宇宙論的なレベルでの議論の展開を活気づけていくことになるからである。特に、宋代以降になると、それらに対する解釈の相違から複数の思想的系列が生みだされていくことになる。

一陰一陽之謂道。継之者善也、成之者性也。仁者見之謂之仁、知者見之謂之知、百姓日用而不知、故君子之道鮮矣。顕諸仁、蔵諸用、鼓万物而不与聖人同憂、盛徳大業、至矣哉。富有之謂大業、日新之謂盛徳。生生之謂易。成象之謂乾、效法之謂坤。極数知来之謂占、通変之謂事。陰陽不測之謂神。

陰となり、また、陽となることを道という。道を受け継いだものが善であり、道を受けとめたものが性である。仁者はそれを見て仁であるというし、智者はそれを見て智であるという。普通の人々は日々それを用いていながら意識することもない。君子にとっての道を知る者は少ないのである。道は、仁として現れ、また、その働きを隠しもする。万物を鼓動させるが、聖人とは憂いを共にしない。その大いなる能力、大いなる事績は、至上のものである。多くの物を保有することを大いなる事績といい、日々に新たであることを大いなる能力という。道をみずからの内に象徴して、新たなものを生み続けてやまないものを『易』という。天象を象徴するものを乾といい、地形を象徴するものを坤という。数を極限まで駆使して、未来を知るものを占いといい、占いをふまえて変化に対応することを事という。陰と陽の測りしれない変化を神という。

『中庸』第一章では、「道」の定義は、「天が命じたものを性という。性にしたがうことを道という」のように、天命としての性に道を関係づけるところから導きだされていた。「道」は、性にしたがうという意味では、あくまで人の道として、人に内在的であり、他方で、性を通じて天に結びついているという意味では、天との一体性の担保された、人からの超越性を確保している道でもあった。それに対して、ここでの「道」の定義は、基本的に陰と陽にのみ関係づけられる。その道が善の授受に関与し、その道から善を授与されるのが性であるとされる。性善説は、このようにして道の大いなる働きに緊密に結びつけられている。『中庸』第一章と関連させるなら、「天が命じたもの」である性とは、道から善を授与される性のことであるし、また、その「性にしたがうこと」が人としての道となり、ここでいう「君子にとっての道」であるということになるだろう。しかも、道は、「聖人とは憂いを共にしない」とすれば、「君子にとっての道」には限られない。やはり、人にとっては超越的ですらある。このように見てくると、繫辞上伝第五章における「道」の定義は、『中庸』第一章と特にくいちがっているわけではない。

問題は、「陰となり、また、陽となること」が、すでに道であるとされている点である。しかも、その道は、天命の賦与に関わって（＝性善を実現させて）、日々に新たであり、新たなものを生み続けてやまず（『易』の中に象徴されているように）、陰と陽が測りしれない変化をするという意味では「神」であるとされる。「陰となり、また、陽となること」が道であるとすれば、そのとき、道は陰陽そのものなのか、それとも、そうではないのか。道が、日々に新たであり、新たなものを生み続けてやまないことと、陰陽の「神」なる性格はどのように関わっているのか。繫辞上伝第五章からは、このような疑問点が浮かび上がってくるように思われる。しかし、これらの疑問点に対して整合的な解釈を試みようとしたのは、実際には朱子に始まる。朱子とともにこれらの疑問点は見いだされ、やがて、朱子の理気二元論的な体系的宇宙論が、そこから展開され、また、そこに応用されていく。さらに、それに付随するかたちで、独自の鬼神論も主張されていく。当然、朱子の立論を批判する立場も、そこから派生してくることになる。

8　陰陽と道——朱子・王夫之・戴震

まず、朱子の『周易本義』が、「一陰一陽之謂道」をどのように注解しているか確認してみよう。注解は、簡潔である。「陰と陽が交互に働くのは、気である。その理が、いわゆる道である」。つまり、朱子の理解では、「陰となり、また、陽となること」は、気の働きであって、道ではない。道に相当するのは、気を根拠づけ、気に秩序を与えている理なのである。理と気の位相が明確に区別されるように、陰陽と道は同一視されない。

かつて、魏の王弼は、無によって、世界として現れるあらゆる現象（有）を根拠づけようとした。ここで、朱子は、そこに無い無によってではなく、あくまで、そこに確かに有るはずの理によって、陰陽を根拠づけ、ひいては、陰陽によって形成されるこの世界を、この宇宙を根拠づけようとしている。彼にとって、無は、有が免れえないもろもろの限定を超越しているという意味での究極の実在などではない。それは、単なる不存在、または、一時的な欠如態にしかすぎない。世界は、宇宙は、その根拠である理まで含めて、本来すみずみまで充実しきっているはずだからである。しかも、理のあるところ、そこには必ず秩序もともなうはずなのである。

明末清初期の王夫之は、朱子説を意識しつつも、それとは異なる視点から、「一陰一陽之謂道」を解釈しようとしていく。『周易外伝《しゅうえきがいでん》』において、王夫之は、陰陽と道の関係づけの誤った解釈の典型として、まず二つの例を挙げる。この二つの例は、誤った解釈をその後に蔓延させるにいたった元凶ともみなされるものである。陰陽と道を正しく関係づけるためには、誤った解釈例とその影響を十分理解していなければならない。

最初の例は、道家的解釈法である。彼らは、陰陽の勢力は完全に均衡し、かつ、陰陽の性格はつねに保全されるという想定の下に、陰と陽の領域を完全に分割し、機械的に二分しようとする。その上で、分割された陰陽のはざまに、陰でもなく陽でもない境界を見いだし、そこに道を位置づけていく。その道が、陰陽を根拠づけるのである。王弼の有無の関係論も、このような解釈法に系列化できるだろう。

もう一つの例は、仏教的解釈法である。彼らは、陰陽を完全に一体的にとらえ、しかも、陰陽の結合はつねに偶然的なものでしかないと想定する。陰陽の結合がどのような形態を示そうと、道は、陰陽の外に、陰陽を超越した地点に位置する。陰陽の結合がつねに偶然的でしかありえないのに対し、道は、そこからはつねに超然とした悟りの基準点であり続ける。朱子の理気二元論的な解釈法も、道を、陰陽の外に、陰陽を超越した地点に位置させるという点では、仏教的解釈法の系列につらなるとみなせないわけではない。

もっとも、王夫之は、朱子や王弼の考え方を直接批判してはいない。ただ、陰陽と道の関係づけに関して、誤った解釈をその後に蔓延させた元凶として、道家的解釈法や仏教的解釈法を標的にするとき、結果的に、朱子や王弼に対する批判をそこに含意させてもいたのである。

それでは、当の王夫之自身は、陰陽と道をどのように関係づけようとしていたのか。『周易外伝』繋辞上伝第五章から一節を引用してみよう。

道者、物所衆著而共繇者也。物之所著、惟其有可見之実也。物之所繇、惟其有可循之恒也。既盈両間而无不可見、盈両間而无不可循、故盈両間皆道也。［…］両間皆陰陽、両間皆道。

道とは、物が数多くそこにおいて姿を現し、物が共にそれにしたがう何ものかである。物がそこにおいて姿を現すとは、そこには見ることのできる実体があるということである。物がそれにしたがうとは、そこにはしたがうことのできる恒常性があるということである。道は、天地の間に満ち満ちていて見ることができないことなどなく、天地の間に満ち満ちていてしたがうことができないことなどない。つまり、天地の間はすべて道なのである。[…]天地の間はすべて陰陽で、天地の間はすべて道である。

内容を少し整理してみる。道は、まず、物と切り離しては考えられない何かである。道は、物が現れる場であり、物がしたがう秩序だからである。しかも、物は、つねに見ることができるし、天地の間に満ち満ちてもいる。同様に、道もまた天地の間を満たすだろう。天地の間に広がり、見える物によって満たされつつ、恒常的な秩序のくまなく浸透している場、それが道ということになる。とすれば、天地の間に展開される生成変化そのものを、道と言い換えることもできるだろう。また、天地の間に展開される生成変化をになっているのが、陰陽の作用であり、道とは不可分の関係にある物を形成しているのが、同様に陰陽の作用であることからすれば、「天地の間はすべて陰陽で、天地の間はすべて道である」と言うこともできるだろう。ただし、厳密に言えば、道は陰陽である、とはならない。物に対してと同様に、陰陽に対しても、道は、陰陽が現れる場であり、陰陽がしたがう秩序となるはずだからである。道は、陰陽のはざまにも、陰陽の外にも位置しない。道は、つねに陰陽と同一の地平上に表裏一体で現れる。しかし、陰陽そのものではない。場であり、秩序であることによってメタレベルの契機を含みつつ、可視化する物とともにつねに現実の地平に着地し続ける何か。王夫之は、そのように道を定義づける。

陰陽と道の関係づけに関連して、もう一人、清代中期の考証学者として名高い戴震《たいしん》（一七二四―

一七七七）の所説にも注目してみよう。彼は、陰陽と道の関係を、論理的に最も単純な形式で示そうとする。そのような試みは、朱子的な解釈を全面否定しようとするものでもあった。『孟子字義《もうしじぎ》疏証《そしょう》』天道から、一部を引用してみよう。

道、猶行也。気化流行、生生不息、是故謂之道。易曰、一陰一陽之謂道。〔…〕易又有之、立天之道、曰陰与陽。直挙陰陽、不聞辨別所以陰陽而始可当道之称、豈聖人立言皆辞不備哉。一陰一陽、流行不已、夫是之為道而已。

道とは、行われるということである。気による造化の働きがあまねく流行して、生成変化を生みだしてやむことがない、それを道というのである。『易』繫辞上伝には、「陰となり、また、陽となることを道という」といい、〔…〕説卦伝には、聖人は『易』を制作する際に、「天の道を規定して、陰と陽と名づけた」といっている。聖人はただ陰陽を挙げているだけである。陰陽を根拠づけているものを無理に弁別して、それこそが道と呼ばれるにふさわしいなどという議論は聞いたこともない。聖人の書いたものに表現上の不備があるとでもいうのだろうか。陰となり、また、陽となって、流行してやむことがない、だからこそ道なのである。

戴震は、道と陰陽を完全に重ね合わせていく。道とは、陰陽の永久運動のことであり、そこに生みだされる、天地の間の生成変化そのものだからである。自らを組成し、組織化して、生成変化する世界を生みだし続けるものが、陰陽であり、道なのである。当然、そこには、陰陽を根拠づける何かを陰陽とは別に設定する必要もない。この世界を生みだし、それを更新し続ける造化作用が道であり（特に、天の道であり）、また、陰陽でもあって、その内部には、自らの再生産を永続的に持続するプログラムが内蔵されている。戴震の提示する道のイメージはこのようなものであろう。朱子の二元論に対峙する立論として、道を脱形而上化する路線を王夫之以上に徹底した結果が、ここに行きついたのである。

9　日新と生生——張載

繫辞上伝第五章から派生する、もう一つの問題の方に転じてみよう。道が、日々に新たであり（日新）、新たなものを生み続けてやまないこと（生生）を、どのようにモデル化できるか。また、そのモデルの中に、鬼神とそれに対する祭祀をどのように整合的に位置づけられるか。このような理論的要請も、宋代以降に浮上してきたものであった。

まず、北宋の張載《ちょうさい》（一〇二〇—一〇七七）が著した『正蒙《せいもう》』から、冒頭の太和篇の一章を参照してみよう。太和篇は、『正蒙』の冒頭に位置するというだけでなく、『正蒙』全体の基礎理論を提示している点で、重要な意味をもつ。以下の翻訳は、王夫之の注釈（『張子正蒙注《ちょうしせいもうちゅう》』）を参考にしている。王夫之は、朱子の系統ではなく、張載の学問こそが儒教の正統を継承するものとみなしていた。張載を顕彰し、また、自らの執筆活動を集大成することを目ざして、王夫之がその最晩年に完成させたのが『張子正蒙注』である。

天地之気、雖聚散攻取百途、然其為理也順而不妄。気之為物、散入無形、適得吾体、聚為有象、不失吾常。太虚不能無気、気不能不聚而為万物、万物不能不散而為太虚。循是出入、是皆不得已而然也。然則聖人尽道其間、兼体而不累者、存神其至矣。彼語寂滅者、往而不反。徇生執有者、物而不化。二者雖有間矣、以言乎失道則均焉。

天地の間の気は、離合集散をどんなにくりかえしても、その筋目はきっちりしていて乱れることがない。気というものは、無形の中に拡散していっても、そのあり様を保っているし、凝集し形をもつようになっても、その常態を失うことはない。太虚は必ず気で満たされ、気は必ず凝集して万物となり、万物は必ず拡散して太虚となる。このように物となったり、物ではなくなったりすることは、すべて必然的にそうなるのである。その中で、聖人は、天地の間において人としての道を尽くし、生と死のいずれにもわずらわされることがない。天地の間における変化の本質（＝「神」）を自ら体得しているのであり、至高の存在である。それに対して、寂滅（＝悟り）を語る者は、拡散して太虚となった後に、再び物として帰ってこようとしない者であるし、この生に執着する者は、物でありながら変化することを拒もうとする者である。両者の間には違いがあるが、道を見失っているという点では同じである。

内容を整理し、また、多少敷衍してみよう。

『正蒙』によれば、この世界に存在するすべての物は、太虚において物として形成され、物としての消滅後には太虚へと回帰する。太虚に充満した気が凝集して万物を形成し、それら万物はやがて物として凝集した気が拡散して、太虚へと回帰するのである。『正蒙』においては、繋辞上伝第五章にいう「道が、日々に新たであり、新たなものを生み続けてやまない」こととは、このような事態をさす。万物の循環をその内部に実現している場が太虚であり、太虚において、気は、凝集することにより万物を組成し、希薄化することにより万物を消滅へと導く。しかも、万物の循環は、気のたえざる離合集散を前提としている以上、同じ物がくりかえし生みだされ、生まれ帰ってくるわけではない。万物の循環を根底で特徴づけるのは、むしろ、人為的な意図や希望を超越した、気の運動自体の必然性だからである。気の自己運動を通じて、物が新たに組成されるとは、かつては別の物を組成していただろう気が、新たな組み合わせの下に再編されるということである。そして、物を組成し、解消する気の運動は、あくまでそれ自体の必然性に即して展開される。そこには、恒常的で安定した秩序が存するのである。その秩序が「神」である。繫辞上伝第五章にいう「陰と陽の測りしれない変化を神という」の、あの「神」である。

「神」を、人として体得できた者が聖人である。聖人は、そのことにより、人の生死が万物の循環の一環にほかならないことを把握し、その与えられた生の限り、人としての道を主体的にひきうけ、実践していく。それに対し、生死の実相を誤解するとき、道からの逸脱が生じるだろう。一つには、生に過剰に執着する者たちであり、彼らは永遠の生を追い求めようとする(道教)。逆に、限りある生を、その限界ゆえに、過剰に忌避する者たちもいる。彼らは現世の苦しみを逃れ、悟りによる永遠の安息を獲得しようとするのである(仏教)。

『正蒙』は、仏教や道教を異端として排斥し、儒教の正統性を明示しようとする。太和篇に示される、人としての道を主体的に実践する聖人こそ、儒教の正統性を具現する存在である。その聖人は、人として至高の存在であり、それは、「神」を体得し、「神」と一体化していることによる。そもそも、「神」は、この世界や宇宙を限界づける大枠である、太虚という場の内部に存する。それは、太虚において、気の自己運動を通じて実現される万物の循環に相即してもいる。「神」は、万物の循環自体に組みこまれた秩序性そのもののことだからである。その秩序と一体化し、そのことにより、この世界や宇宙と一体化し、なおかつ、人として独自の道を歩み続ける者、それが聖人である。「天地と三となる」あの聖人が、『正蒙』ではこのように定義づけられていく。

10　日新と生生、そして、鬼神――朱子・王夫之

『正蒙』の上の一章を総括して、王夫之の注釈は独自の観点を提起していく。参照してみよう。

此章乃一篇之大指。貞生死以尽人道、乃張子之絶学、発前聖之蘊、以闢仏老而正人心者也。朱子以其言既聚而散、散而復聚、譏其為大輪迴、而愚以為朱子之説正近於釈氏滅尽之言、而与聖人之言異。〔…〕儻如朱子散尽無餘之説、則此太虚渾淪之内、何処為其翕受消帰之府乎。又云造化日新而不用其故、止此太虚之内、亦何従得此無尽之儲、以終古趨於滅而不匱邪。且以人事言之。君子修身俟命、所以事天。全而生之、全而帰之、所以事親。使一死而消散無餘、則諺所謂伯夷盜跖同帰一丘者、又何恤而不逞志縦欲、不亡以待尽乎。惟存神以尽性、則与太虚通為一体、生不失其常、死可適得其体、而妖孽・災眚・姦回・濁乱之気不留滞於両間、斯堯舜周孔之所以万年、而詩云、文王在上、於昭于天、為聖人与天合徳之極致。聖賢大公至正之道異於異端之邪説者以此。

この章に、太和篇全篇の核心が示されている。生死に対し正しく対処して、人としての道

を尽くすこと。張子〔張載〕のすぐれた学問が、かつて聖人たちが到達した境地を明らかにしたというのは、まさにこの点なのである。また、仏老（仏教・道教）を斥けて、人々の心を正そうとしたというのも、まさにこの点によってなのである。朱子は、張子が「気は凝集しては拡散し、拡散してはまた凝集する」と言っているのを受けて、それでは大輪廻になってしまうと批判している。しかし、私の考えでは、朱子の説こそ、仏教の「滅尽（＝寂滅）」の教えに近いものであって、聖人の教えとは異なっているのだ。［…］もし、朱子の「散尽無余の説〔物を形成していた気は、物の消滅後、拡散し、最終的には消滅してしまう〕」のとおりであるとするならば、この渾然一体とした太虚の中で、どこが拡散し、消滅に向かう気を受けいれる場所となるのだろうか。それにまた、造化の働きは日々に新たであって、古いものが用いられることはないというのであれば、この太虚の中で、どこに無尽蔵の貯蔵庫があって、消滅へと向かい続ける気を補充して、永遠に尽きることがないというのだろうか。人としての務めについて言うなら、君子が、わが身を修めた上で、天命を待つのは、それが天に仕えることだからであり、わが身を全うして生き、わが身を全うして死を迎えようとするのは、それが親に仕えることだからである。もし、人が一旦死んでしまうなら、身体を形成していた気は拡散して、消滅してしまうだけであるというなら、ことわざにいう「〔自らの節義を守るために餓死した〕伯夷《はくい》も〔大どろぼうの〕盗跖《とうせき》も、死ねば同じ土に葬られる」だけのことになってしまう。そうであれば、人はどうして思いのまま欲望のままに生きようとしないだろうか。

どうして死んでしまったら、後は気が消え去るのを待つだけということにならないだろうか。そもそも「神」を体得して、人の本性を尽くすことができれば、太虚と一体なのである。太虚と一体であれば、〔気の凝集した〕生の段階においても、〔気の運動の〕常態を見失うことはないし、〔気の拡散する〕死に際しても、太虚へのスムーズな回帰が実現する。あやしげな気や災厄の気、あるいは、よこしまな気や濁乱した気を、死後に、天地の間に滞留させるなどということはない。これこそが堯、舜、周公、孔子がその死後も永遠に尊崇される理由なのである。『詩経』大雅「文王」に、「文王上に在り、ああ天に明らかなり」とあるのは、聖人が、天と自らの徳を最高レベルで合致させていることをうたっている。聖賢の大公至正の道が異端の邪説と異なるのは、まさにこの点なのである。

王夫之の書きぶりは、一見したところ、かなり錯綜ぎみのように思われる。ただ、彼の言いたいことははっきりしている。総括の最初に示されているように、この章には、太和篇全篇の核心となる内容が提起されていて、それが、「生死に対し正しく対処して、人としての道を尽くすこと」が、聖人の教えにほかならないということである。太和篇が、『正蒙』全体に理論的な基礎づけを与えていることを考えれば、『正蒙』全書の眼目も、基本的には、「生死に対し正しく対処して、人としての道を尽くすこと」が、聖人の教えであるということに尽くされるともいえるだろう。聖人の教えの内実を端的に明らかにしていることで、張載と『正蒙』は、王夫之にとって特別なのである。

聖人の教えはこのように確認された。その上で、王夫之は朱子に論駁していく。朱子が、太和篇のこの章に示されるような、万物の循環理論を肯定していなかったからである。朱子は、仏教の場合が個別の輪廻説だとすれば、張載の場合は全体の輪廻説（大輪廻）にほかならない、と批判している（『朱子語類《しゅしごるい》』巻九十九）。それに対して、王夫之は反論する。朱子説の方が、生から逃れ、この世界に対する責任から逃れようとする、仏教の「寂滅」の教えに類し、聖人の教えには反している。

このような対立が生まれるのも、道が、日々に新たであり（日新）、新たなものを生み続けてやまないこと（生生）を、どのように解釈するかという点で、両者の見解が大きく相違しているからである。しかも、儒教の重視する祖先祭祀において、儀礼の対象とされる「鬼神」とは何かという問題が、そこにからみあってくることになる。両者の対立点を確認していってみよう。

まず、「日新」と「生生」をめぐってである。この点に関して、『正蒙』は、太虚に充満した気が凝集して万物を形成し、それら万物として凝集した気がやがて拡散して、太虚へと回帰し、その気が再び凝集して万物を形成する、このサイクルを永遠に反復していくことが、「日新」であり、「生生」であると考える。朱子は、「日新」と「生生」が実現されているこの世界では、新しいものはつねに新しいと考える。「大輪廻」などは行われない。この世界には日々に新たな気が供給され、新たな物が生みだされる。他方で、絶えざる新陳代謝を通じ、古びた物とその物を形成する気はしだいに消滅へと向かうのである。

王夫之は、朱子の考え方の難点を鋭く指摘していく。この世界に対して永遠に新たな気を供給し続けられる場所も、この世界から日々消滅へと向かっていく気を受けいれられる場所も、この世界の中に見つけられるだろうか。それらの場所は、当然、現在存在している物たちの占めている場所とは異なる場所となるはずである。そのような場所とは、どのような場所であるか。そもそも死者の霊魂である「鬼神」の位置する場所も、そのような場所である。そのような場所は、本来鬼神にふさわしい場所であるといえるのか。王夫之の朱子批判の射程は、ここにまで及んでいくだろう。

朱子によれば、鬼神は、死者の霊魂であるとともに、気一般、あるいは、「公共の気」（『朱子語類』巻三）でもある。気として見た場合には（『中庸章句』）、陰の気のすぐれた働きが「鬼」であり、陽の気のすぐれた働きが「神」である。または、こちら側に向かって伸長してくる気が「神」であり、向こう側に遠ざかっていく気が「鬼」である。気としての鬼神は、理によって根拠づけられつつ、陰陽の気としては、現在存在している物たちの占めている場所に遍在しているだろうし、こちら側に向かって伸長してくる「神」気としては、この世界に日々新たに供給される気となりうるだろうし、向こう側に遠ざかっていく「鬼」気としては、しだいに消滅へと向かう気となって、場合によっては、死者の霊魂としての鬼神ともなるだろう。いずれにしろ、死者の霊魂としての鬼神も気とは無関係ではありえない以上は、着実に消滅へと向かい、いずれは消滅する。それでいいのだろうか。伯夷も盗跖も、死んでしまえば、結局は同じこと、いずれ消滅するだけであっていいのだろうか。王夫之は、もちろん、そうであってはならないし、また、実際にそうではないと答える。その最大のよりどころが、『正蒙』のこの章であり、「生死に対し正しく対処して、人としての道を尽くすこと」という聖人の教えなのである。

太虚の中に展開される、万物の循環自体に組みこまれた秩序性＝「神」を体得し、「神」と一体化することを通じて、この世界や宇宙と一体化し、なおかつ、人として独自の道を歩み続ける者、それが『正蒙』の聖人であった。聖人はよく生き、よき死を迎え、その死後には、よき影響を長期にわたって及ぼす。よく生き、よき死を迎えたのは、「生死に対し正しく対処して、人としての道を尽くすこと」ができたからである。よき影響を長期にわたって及ぼせるのも、王夫之によれば、やはり「生死に対し正しく対処して、人としての道を尽くすこと」ができたからである。具体的には、聖人は、その死に際して、「あやしげな気や災厄の気、あるいは、よこしまな気や濁乱した気を、天地の間に滞留させ」ないことで、よき影響を長期にわたって及ぼすのである。気は消滅することなく永遠に循環するとすれば、後世に対する貢献も、気を媒介として、よりよい気の状態を贈与することでなされるだろうし、そのような贈与の事実を通じて、聖人の存在は永遠となるだろう。これが、王夫之の結論であった。崇拝の対象が、聖人の鬼神であるかどうかは、ここではもはや大した問題ではない。

11 修己から治人へ――教化の新たな構想

人々をどのようにしたら正しく教化し、理想的な統治が実現できるか。それまでの貴族制が崩壊した後に、新たに台頭してきた宋代のいわゆる士大夫（読書人）たちは、儒教的な徳治の文脈の中に統治の理想を再構築しようとした。その際に、方法論的なよりどころとして重視されたのは、もはや「風を移し俗を易《か》える」楽の効果などではなく、『大学』であった。四書の中で、『大学』は、最初に読むべき書と位置づけられる。そこには、人を治める者が学ぶべき学習の各段階と最終的な到達目標が明示されていると考えられたからである。自己の道徳的な規律（修己）と人々に対するよき統治（治人）を最高度に結合することが、その目標である。人を治める者は、その目標に到達することを目ざさなければならない。そのためにも、修己から治人に至る学習の過程を段階的に前進していかなければならない。『大学』の普及は、このような要請を内面化した自覚的な学習者を、大量に生みだす契機となったのである。

『大学』冒頭に示される学習の到達目標が、実際にどのように表現され、それに対して、朱子の『大学章句《だいがくしょうく》』がどのように解釈しているか確認してみよう。一つ、留意点がある。朱子が、『大学』のテキストを、二つの層に分けていたことである。孔子の言葉を伝える冒頭部の「経」に対し、その後に続く部分は、「経」に対する解説に相当する「伝」として扱われる。以下に引くのは、「経」の最初の一節と、それに対する朱子の注釈である。なお、「経」の「親民」の「親」の字を、朱子は誤字であると見なして、「新」に変えて読んでいる。「親（新）民」を解説した「伝」の二章に、「親」の字が登場せず、一方で「日新」「新民」「惟新」の表現が見られることによる。

大学之道、在明明徳、在親（新）民、在止於至善。

〔注〕大学者、大人之学也。明、明之也。明徳者、人之所得乎天、而虚霊不昧、以具衆理而応万事者也。但為気稟所拘、人欲所蔽、則有時而昏、然其本体之明、則有未嘗息者。故学者当因其所発而遂明之、以復其初也。新者、革其旧之謂也、言既自明其明徳、又当推以及人、使之亦有以去其旧染之汚也。止者、必至於是而不遷之意。至善、則事理当然之極也。言明明徳・新民、皆当至於至善之地而不遷。蓋必其有以尽夫天理之極、而無一毫人欲之私也。此三者、大学之綱領也。

大学の目ざす道とは、明徳を明らかにすることであり、民を新たにすることであり、至善にとどまることである。

〔注〕大学とは、大人の学問ということである。明とは、明らかにすることである。明徳とは、人が天から得た、自在にして明晰であり、多くの理をかねそなえて、あらゆる事に対

応していくもののことである。ただ、明徳は、気質に拘束され、人欲におおわれてしまうと、見失われるときもある。しかし、その場合でも、本来の明晰さが失われてしまうことはない。だから、学ぶ者は、明徳本来の明晰さが現れた機会をつかまえて、明徳をあらためて明らかにし、明徳が賦与された最初の状態に復帰することを目ざさなければならない。新とは、古いものを改めることである。つまり、新民とは、自ら明徳を明らかにした者は、さらにそれを人々に推し及ぼしていって、人々が気質や人欲にまみれた古い汚れを自ら一掃するようしむけていくべきだということである。とどまるとは、そこに行きついたら絶対に動かないということである。至善とは、ものごとの理として絶対にそうであるべきだということである。つまり、経で言われているのは、明徳を明らかにすることも、民衆を新たにすることも、至善の境地に行きついたらそこから動いてはならないということである。思うに、天理の正しさが尽くされたときには、そこに私的な人欲は少しも残されていないはずである。明徳を明らかにし、民衆を新たにし、至善にとどまるという以上の三つが、大学の綱領となる。

朱子の解釈を、必要な事項を補足しながら整理していってみよう。

『大学』は、大人の学ぶべきものであり、大人とは、当然、人を治めるべき者たちである。大人は、明徳を明らかにしなければならない。「明徳を明らかにする」とは、すべての人が生まれながらに天から賦与されている明徳、言い換えれば、『中庸』第一章にいう「天が命じたものを性という」のあの性を明らかにすることである。朱子によるなら、性はそのままで理でもある（性即理）。理（普遍性を強調する場合には、天理とも呼ばれる）は、気を根拠づけ、気の運動に秩序を与える。理は、基本的な性格としては、普遍的であり、単一的であるが、同時に、理によって根拠づけられる気の態様に応じて特殊な展開を示しもする（理一分殊）。その理が、性として、すべての人に賦与されている。明徳（＝性）が、「多くの理をかねそなえて、あらゆる事に対応していく」ことができるのも、それが同時に理にほかならないからである。ただし、明徳は、人間の身体を形成する気の働き（気質、人欲）によって、その本来的な能力の発揮が阻害されがちである。そのような状況を打破して、自らの本来性への回帰（復初）を求めるのが、「明徳を明らかにする」なのである。明徳を明らかにした者は、さらに前進しなければならない。気質や人欲によって汚されたままの状態に安住する人々を刺激し、感化し、彼らすべてを自らの本来性に覚醒させていかなければならない。それが、「民を新たにする」ことである。「至善にとどまる」とは、「明徳を明らかにすること」（＝修己）と「民を新たにすること」（＝治人）の双方を、最高度に達成することである。

人を治めるべき者として、自らの本来性に覚醒し、自らの原点（明徳＝性）に回帰しえた者だけが、その後に、治めるべき他者たちを同様に覚醒させ、再生させることができる。『大学』を通じ、人々の教化と統治に関して朱子の提示した図式は、このようなものであった。

12 万物一体の仁――ドジョウとウナギの関係論

明の王陽明《おうようめい》（一四七二―一五二八）は、『大学』のテキストを経と伝に二分し、いわゆる経の「親民」を「新民」と読み替える朱子に反対し、『大学』は『礼記』収録のテキスト（古本）のまま読まれるべきであり、「親民」も「親民」として解釈されるべきことを主張する。実際に、「親民」を「親民」として読むことで、王陽明の『大学』解釈は、朱子とは大きく異なったものになっていく。いわゆる「万物一体の仁」が語られるのである。「大学問《だいがくもん》」を参照してみよう。

大人者、以天地万物為一体者也、其視天下猶一家、中国猶一人焉。若夫間形骸而分爾我者、小人矣。大人之能以天地万物為一体也、非意之也、其心之仁本若是、其与天地万物而為一也。［…］明明徳者、立其天地万物一体之体也。親民者、達其天地万物一体之用也。故明明徳必在於親民、而親民乃所以明明徳也。

大人とは、天地万物と一体となっている者のことである。大人は、天下を自分の一家のごとく見なし、中国を自身のごとく見なす。もし身体の違いに隔てられて、自己と他者を区別するようであれば、それは小人である。大人が天地万物と一体となることができているのは、意識してそうしているわけではない。心の中の本性である仁がもともとそのようであり、そのような仁に即することで、天地万物と一体となっているのである。［…］明徳を明らかにするとは、天地万物一体の体を立てることである。民に親しむとは、天地万物一体の用を達することである。つまり、明徳を明らかにするためには、必ず民に親しまなければならず、民に親しむことこそが、明徳を明らかにすることにほかならない。

王陽明にとって、大人とは、中国と、天下と、天地万物と一体となっている者のことである。しかも、大人は、自らの本性である仁を自覚し、仁にあくまで即していくことで、天地万物と一体となる。仁とは、もともとそういうものだから、と陽明は考える。仁の自覚から天地万物との一体に至るまでの展開には、なんの作為性も介在しない。そこには、人の本性にとって最高度に自然な状況が達成されているからである。そして、本性である仁を自覚することは、天地万物一体の体を立てることであり、明徳を明らかにすることである。本性である仁に即して、他者に働きかけ、他者との一体性を実現することは、天地万物一体の用を達することであり、民に親しむことである。陽明にとって、「明徳を明らかにすること」（＝修己）と「民に親しむこと」（＝治人）は相互依存的で、かつ、同時並行的に実現されるべきものでもある。この両者は、天地万物一体に関して、体用の関係にあるからである。体は用を現象させるが、体と用は不可分でもある。体は用を前提とし、用は体を前提とする。治人は、基体としての修己に根拠づけられるが、修己が実現されている以上は、治人としての働きも必ず実現されるはずである。ここでは、大人は、人をよく治めることを約束された者たちなのである。

自らの本性である仁に覚醒した者は、そのことによって、すべての他者と一体化し、彼らを教化し、彼らの間に倫理的な秩序をもたらすだろう。これが、王陽明の掲げる展望であった。

このような師の展望を、王心斎《おうしんさい》（一四八三—一五四〇）は、「鰍鱔説《しゅうぜんせつ》」と題された文章に、生き生きと描写している。かめに密集しておしこめられ、気息奄奄の状態にあった鱔（ウナギ）の中に、たまたま鰍（ドジョウ）がまぎれこんでいた。ドジョウが自在に動き回ることで、ウナギはようやく生気をとりもどす。ドジョウが、その本性のまま動き回ったこと。それにより、周囲のウナギが生気をとりもどしたこと。心斎は、この情景を、大人と民の間に成立するはずの、万物一体の関係になぞらえる。大人もドジョウも、ただ本性のまま動き回ることにより、結果的に、周囲の環境を大きく変えていく。しかも、周囲の環境を大きく変えていくドジョウは、もはや、ドジョウのままではない。「鰍鱔説」でも、ドジョウはやがて龍に変貌する。龍は、王者の象徴である。大人も、当然、龍になるべき存在なのである。

13　近代以降の新展開

生成変化するこの世界を、どのように理解したらいいのか。そのような世界に、人はどのように関与していくべきなのか。このような問いかけは、近代以降においても、もちろん問われ続けた。ただし、中国の知的伝統からの影響が残存する一方で、欧米から導入された新知識が中国社会に衝撃を与えていく過程では、問いかけ自体の性格も急速に変化していくことになる。ここでは、その中から、中国の知的伝統との関わりで、特に注目すべき変化の諸相を取りあげてみたい。

まずは、十九世紀の末年に執筆された、譚嗣同《たんしどう》（一八六五—一八九八）『仁学《じんがく》』である。そこでは、天地万物との一体性を現実化していく仁の働きが、西洋伝来の概念である「以太（エーテル）」に重ね合わされていく。この世界を横断的に統合していく仁の力が発揮されていく先に展望されるのは、もはや、陽明学的な理想社会ではない。仁は、既存の政治体制、社会関系、家族倫理をすべて否定するはずだからである。それらが一掃された後には、朋友的な友愛関係を人々の結びつきの唯一の基礎とし、その上に、個人・社会・国家の潜在能力が全面的に開発された、自由で豊かな中国が登場する。さらにその先に至れば、国家の枠組すら消滅していくだろう。『仁学』の語るところは雄大である。日清戦争後の危機の中で、「万物一体の仁」は、このように突然変異的に再生したのである。

次に、日清戦争後の一八九八年に刊行された、厳復《げんぷく》（一八五四―一九二一）の『天演論《てんえんろん》』である。この書は、魯迅《ろじん》（一八八一―一九三六）を始めとする、当時の心ある青年たちを震撼させたことでも知られる。『天演論』は、ダーウィンの盟友であった、ハックスリーの『進化と倫理』を翻訳したものである。ただし、単なる翻訳ではない。ハックスリーの著作を翻訳しながら、厳復は、ハックスリーの説を紹介することには消極的なのである。『進化と倫理』は、進化に対して、人間倫理の独自な価値を強調する。厳復は、翻訳に挿入した自らのコメントを通じて、ハックスリーの本文に積極的に干渉している。それは、ハックスリーの考えとは相いれない、社会進化論を提唱するスペンサー説を紹介し、解説するためであった。そして、当時の青年たちを震撼させたのも、実は、スペンサーの社会進化論であった。自然淘汰と優勝劣敗の原則が支配するとされる国際社会の中で、中国の存亡の危機を彼らは実感したのである。

ところで、Evolution の訳語として、厳復が「天演」を選択したことには何か特別な意味があったのだろうか。それに関連しては、先に取りあげた、十八世紀の戴震の「道」をめぐる思考を思い出してみてもいいかもしれない。この世界を生みだし、それを更新し続ける造化作用が道であり（特に、天の道であり）、その内部には、自らの再生産を永続的に持続するプログラムが内蔵されている。戴震は、このように考えていた。厳復の、「天演」という訳語の選択も、このような考え方の延長上に位置づけられるのではないだろうか。Evolution が、プログラムの内容として前提されるとき、そこには、天の道による造化作用の一環として、万物に対する選別機能が位置づけられ、しかも、それは永続していくはずだからである。

最後に、毛沢東《もうたくとう》（一八九三—一九七六）の『矛盾論《むじゅんろん》』である。その、「五　矛盾の諸側面の同一性と闘争性」から一節を引用してみる。


二つの相反するもののあいだに同一性があればこそ、両者は一つの統一体に共存し、かつまたたがいに転化することができる。これが、条件性であって、つまり、一定の条件のもとで、矛盾するものが統一でき、かつまた、たがいに転化できるということである。この一定の条件がなければ、矛盾となることができず、共存することができず、転化することもできない。一定の条件によってはじめて矛盾の同一性が構成されるのであって、同一性が、条件的、相対的であるというのはそのためである。

いまひとつ、矛盾の闘争は、過程を始めから終わりまでつらぬくとともに、一つの過程を別の過程に転化させるものであって、矛盾の闘争が存在しないところはない。矛盾の闘争性は、無条件的であり、絶対的であるというのはそのためである。

条件的、相対的な同一性と、無条件的、絶対的な闘争性が結びついて、すべての事物の矛盾運動が構成されている。


われわれ中国人は、つねづね「相反し、相成す」〔『漢書』芸文志〕という。これは、相反するものが同一性をもつことをいうのである。このことばは、弁証法的であり、形而上学とは反対のものである。「相反す」というのは、矛盾する二つの側面が、たがいに排斥しあい、また、闘争しあうことをいう。「相成す」というのは、一定の条件のもとで、矛盾する二つの側面がたがいに結びついて同一性を獲得することをいう。

しかも闘争性は同一性のなかに宿っていて、闘争性がなければ同一性はない。

(『矛盾論』、邦訳、四〇二—四〇三頁)

伝統的な世界観の中で、この生成変化する世界を構成する最も基本的なカテゴリーとされてきたのは、陰陽である。陰陽の関係はあくまでも相関的であり、その間には、相対的な対立性と相互の転化、および、全体的な調和性が前提されてきた。その陰陽に、『矛盾論』の理論を適用するときには、両者の関係は、矛盾の同一性にすぎないとされるだろう。「一定の条件のもとで、矛盾するものが統一でき、かつまた、たがいに転化できる」関係にすぎないとされるだろう。今や、「矛盾の闘争が存在しないところはない」し、「闘争性がなければ同一性はない。」無条件的であり、絶対的であるのは、矛盾の闘争性である。それに対し、矛盾の同一性は、条件的、相対的でしかありえない。矛盾の同一性を表現しているにすぎない陰陽を最も基本的なカテゴリーとしてこの世界を把握しようとする、伝統的な世界観も、一つの形而上学にすぎないとされるだろう。かりに、陰陽の関係を、弁証法的な「相反し、相成す」関係に変換しようとするなら、その際には、陰陽を、より根源的な闘争性によって基礎づけることになる。調和を基礎づけるのも、闘争だからである。

『矛盾論』は、伝統的な世界観に対する、文字どおりの闘争宣言でもあった。

14　『荘子』からの出発法

ここまでは、主に儒教的な文脈に即して、「化」をめぐる思想的な展開のバリエーションを通覧してきた。取りあげることができていないものも少なくない。残りの二章では、次の二つの視点から、記述を進めてみたい。（1）『荘子《そうじ》』中の「化」に関連する内容に依拠して、どこまで思考の論理をつきつめていくことが可能か。（2）身体を、気の循環する場として共に理解する道教と中国医学は、身体に対する介入の技法をどのように構想するか。

『荘子』斉物論篇では、夢の中で、荘周《そうしゅう》が蝶になること、または、蝶が荘周になることを「物化」と名づけている。「物化」は、『荘子』のテキスト中に、さまざまな形態で登場する。他の物への変化の可能性は夢の中だけに開かれるわけではない。すべての物は、現に変化しているし、変化していることにおいて、すべての物は一つである。とすれば、そこに存在するのは、その物であって、必ずしもその物ではなく、すでにその物ではない何かなのかもしれない。ところで、そのような物は、輪廻の主体たりうるのだろうか。そもそも、輪廻などありうるのか。たとえば、慧遠《えおん》（三三四

―四一六）は、こうした設問の周囲に、精神の不滅（輪廻の主体である精神は、物ではない）と輪廻の必然を論証しようとしている（「沙門不敬王者論《しゃもんふけいおうじゃろん》」『弘明集《ぐみょうしゅう》』巻五）。仏教にとって、『荘子』的物化の世界は、最初の関門の一つであった。

『荘子』的物化の世界は、儒教的な文脈や仏教的な信仰に同調しない者たちに対して、第三の道を示してくれる。場合によっては、儒教的な文脈や仏教的な信仰に同調する者たちに対しても、第二、第三の道を示してくれる。その世界では、あらゆる変化と変化によって生じるあらゆる違いが許容されるからである。ときには、世界のあらゆる側面がそのままで許容されうるからである。そのようなものとして、『荘子』的物化の世界は、多くの者に語りつがれていく。語りはしだいに惰性化していくだろう。そこから一線を画して、徹底した論理性の下に『荘子』的物化の世界を再構成しようとした異色の著作、それが、明末清初期の方以智《ほういち》（一六一一―一六七一）が著した『東西均《とうざいきん》』である。

ここでは、『東西均』の序論に相当する東西均開章から一節を引用してみる。

道亦物也、物亦道也。物物而不物于物、莫変易不易于均矣。両端中貫、挙一明三。所以為均者、不落有無之公均也。何以均者、無摂有之隠均也。可以均者、有蔵無之費均也。相奪互通、止有一実、即費是隠、存泯同時。

道は物であり、物は道である。『荘子』〔山木〕では、「物を物として、物に物とせられず」という。均《ろくろ》は、最も変化するものであり、また、最も変化しないものである。両端を中心は貫き、一つのことを取りあげれば、三つのことが明らかになる。均を均として機能させているのは、有無の両極に偏することのない公均である。均に根拠をあたえているのは、無が有を制御する隠均である。均の現れを可能にしているのは、有が無を内包して現れる費均である。隠均と費均は、対立しつつ、共存する。ただし、実際に現れるのは、費均である。費均と隠均は表裏一体であり、費均が現れ、隠均が隠れるのは同時並行的である。

独特な用語が駆使される文章は、一見難解そうである。ただ用語間の連係、言い換えの関係を整理していくと、そこには非常に明瞭な図式が浮かび上がってくる。まず注目すべきは、「道」の系列と「物」の系列の対応関係である。「道は物であり、物は道である」とされるように、両者は一体である。しかし、道は道であり、物は物である。両者は、まったく同じではない。その差異は、「物を物とする」もの（＝道）と、「物に物とされる」もの（＝物）の違いである。道の系列は、「不易」であることを介して、「何以均」＝「隠均」へと延長していく。物の系列は、「変易」することを介して、「可以均」＝「費均」へと延長していく。変化することのない道の系列に根拠づけられて、つねに変化する物の系列は物として生みだされる。ただし、二つの系列は一体でもある。その一体性を担保し、かつ、二つの系列を調和させ、共存させるために、仲介者として、第三の「均」

の存在が要請される。それが、「所以為均」＝「公均」である。「両端を中心は貫く」とは、中心に位置する「公均」と両端の「費均」と「隠均」が三位一体の関係にあること、さらに、この三者によって空間は完全に充足されていることを示す。その外はないのである。「一つのことを取りあげれば、三つのことが明らかになる」とは、「均《ろくろ》」が「公均」「費均」「隠均」の三様態の総称であることを指す。つまり、ここでいう「均《ろくろ》」は、この世界そのものである。そこには、たえざる変化とその根拠、変化を実現する場と、世界のすべてがそろっている。

しかも、ここに示される「均」世界の図式は、有の現象世界を無が根拠づけるという王弼流の図式そのものではない。ただし、王弼流の図式が排斥されているわけでもない。王弼流の図式は、副次的な要素として、「費均」（有が無を内包する）、「隠均」（無が有を制御する）レベルの性格づけに組みこまれていく。「均」世界は、その意味では、一種のメタ世界でもある。メタ世界として、「均」世界は、すべてをその支配下に、あるいは、その内部に回収していく。変化の遍在で特徴づけられる『荘子』的物化の世界も、その例外ではないだろう。「均」世界を構成する三様態に、この世界の可能性はすべて網羅されているはずである。その外に出る道はないのである。東西均開章が提示するのは、このような世界のイメージであった。

二十世紀の初年、辛亥革命直前の時期に、章炳麟《しょうへいりん》（一八六九―一九三六）は『斉物論釈《せいぶつろんしゃく》』を執筆している。学問ある革命家としても知られた章炳麟にとって、斉物論篇は、現実を婉曲に肯定しているわけでもなければ、現実が論理的にのりこえ不可能であることを論証しているわけでもない。それは、現状を打破し、現状を変革することを呼びかけているはずであった。彼は、斉物論篇の読解に、仏教理論を積極的に応用し、その最終地点で（「物化」が説かれる箇所である）、自らの主体性を確立した個人による社会救済の論点を読みとっていく。そのような読解は、斉物論篇に革命と救済者としての菩薩のイメージを投影させたという点でも、まさに前代未聞のものであった。

15　身体の操作的構築

特殊な薬物（丹薬）の服用を通じて永遠の生命に近づこうとするいわゆる外丹に代わって、宋代以降には、内丹と呼ばれる一種のイメージ・トレーニング法が流行し、広く受け入れられていった。内丹が目ざすのは、自身の身体イメージを、理想状態に向けてくりかえし更新していくことである。身体イメージの更新は、身体を構成する気自体の変革に直結し、最終的には不老長生に到達するはずなのである。

内丹の実践に最も大きな影響を与えた文献の一つが、北宋の張伯端《ちょうはくたん》（九八七—一〇八二）が著した『悟真篇《ごしんぺん》』である。その一節を参照してみよう。『悟真篇』の本篇では、定型詩の形式の下に、内丹の技法はすべて象徴的に表現されていく。下の引用も、五言律詩である。

女子著青衣、郎君披素練。見之不可用、用之不可見。恍惚裏相逢、杳冥中有変。一霎火焔飛、真人自出現。

若い女性は青い服を身に着け、若い男性は白い絹をまとう。見ても用いることはできず、用いても見ることはできない。ぼんやりとした中に二人は出会い、暗闇の中に変化が生じる。一瞬のうちに炎が飛び出し、真人がそこに出現する。

内丹の技法を表現する際にも、外丹の錬金術的な化学操作の用語が比喩的に用いられる。その一端が、この詩からもうかがえるだろう。この詩自体は、それほど複雑な事象を象徴しているわけではない。青は、方位としての東の色であり、白（素）は西の色である。東には陽、西には陰が配される。青い服を身につけた女性は、陽の中に陰が含まれている状態、白絹をまとった男性は、陰の中に陽が含まれている状態を表す。陰陽が対照的に配置されているこの両者が結合するときに、化学反応が生じ、そこに永遠の生命（＝真人）が実現する。

内丹の複雑な過程を、最も圧縮したかたちで表現すれば、このようになる。身体イメージの更新を通じての内丹の実践も、その根底的なレベルでは、陰陽の気を配合し、調和させる操作の域を出るものではなかった。それは、人の身体が気によって構成されるものである以上、当然のことである。永遠の生命とは、永遠の身体を獲得することにほかならない。永遠の身体も、結局は、気の中にしか求められないのである。

中国医学では、治療の対象は、個別の身体に必ずしも限定されない。個別の身体に先だって、天地自然の形成する、気の一大ネットワークの存在が前提されているからである。その中に、人の身体は位置づけられ、病の根源も見定められていく。そのような発想の典型例として、中国医学の古典である『黄帝内経素問《こうていだいけいそもん》』から、四気調神大論篇第二の一節を引用してみよう。

夫四時陰陽者、万物之根本也。所以聖人春夏養陽、秋冬養陰、以従其根。故与万物沈浮於生長之門。逆其根、則伐其本、壊其真矣。

そもそも四季の陰陽の変化は万物の生長収蔵の根本である。聖人は春夏の候には陽気を保養し、秋冬の候には陰気を保養してこの根本原則に身を委《ゆだ》ねる。だから聖人は生命力ある万物とともに生長収蔵の門に出入して正しい生長発育の規律を保持することを可能にしているのである。もしこの原則に背違すれば、生命の根本が切断され、真気損壊を招来する。

(『黄帝内経素問』、邦訳、三六六頁)

聖人の統治は、四季の循環に対応して、人々の生活にリズムを与える。そのとき、人々は、天地自然の形成する気の一大ネットワークに一体化し、自然であり、健康である。病は、そこからの逸脱によって生じる。中国医学にとって、病に対する治療とは、基本的には、気のネットワークに人を正しく接続しなおすだけのことである。

このような気のネットワークが、身体と見立てられた大地の中にも縦横にはりめぐらされていると想定すれば、そこに、いわゆる風水の考え方も登場するだろう。

中国の人たちにとって、気の沃野は、不老長生にも、健康にも、子孫繁栄と現世利益にも通じるフロンティアであり続けた。

底本

朱熹『周易本義』、王鉄校点、「朱子全書」第一冊、上海・合肥、上海古籍出版社・安徽教育出版社、二〇〇二年
『周易正義』、李学勤主編「十三経注疏（標点本）」一、北京、北京大学出版社、一九九九年
『易乾鑿度』、趙在翰輯『七緯』上、鍾肇鵬・蕭文郁点校、北京、中華書局、二〇一二年
『王弼集校釈』上下、樓宇烈校釈、北京、中華書局、一九八〇年
朱熹『中庸章句』、『四書章句集注』、「新編諸子集成（第一輯）」、北京、中華書局、一九八三年
朱彬『礼記訓纂』上下、饒欽農点校、「十三経清人注疏」、北京、中華書局、一九九六年
王夫之『礼記章句』、「船山全書」第四冊、長沙、嶽麓書社、一九九一年

『史記』、北京、中華書局、一九八二年
『漢書』、北京、中華書局、一九六二年
王先謙『荀子集解』上下、沈嘯寰・王星賢点校、「新編諸子集成（第一輯）」、北京、中華書局、一九八八年
『阮籍集校注』、陳伯君校注、「中国古典文学基本叢書」、北京、中華書局、一九八七年
『魏晋南北朝文論選』、郁沅・張明高編選、「中国歴代文論選」、北京、人民文学出版社、一九九九年
王夫之『周易外伝』、「船山全書」第一冊、長沙、嶽麓書社、一九八八年
戴震『孟子字義疏証』、「戴震全集」第一冊、北京、清華大学出版社、一九九一年
『張載集』、北京、中華書局、一九七八年
王夫之『張子正蒙注』、「船山全書」第十二冊、長沙、嶽麓書社、一九九二年
『朱子語類』（黎靖徳編）、「理学叢書」、北京、中華書局、一九八六年
朱熹『大学章句』、『四書章句集注』、「新編諸子集成（第一輯）」、北京、中華書局、一九八三年
王守仁『大学問』、「王陽明全集」下、呉光・銭明・董平・姚廷福編校、上海、上海古籍出版社、一九九二年
『王心斎全集』、岡田武彦・荒木見悟主編「近世漢籍叢刊　思想続編」十三、中文出版社、一九七五年
譚嗣同『仁学』、「譚嗣同全集」下（増訂本）、蔡尚思・方行編、北京、中華書局、一九八一　年
厳復『天演論』、「厳復集」第五冊、王栻主編、北京、中華書局、一九八六年
毛沢東『矛盾論』、「毛沢東選集」第一巻、北京、人民出版社、一九九一年
郭慶藩『荘子集釈』、王孝魚点校、「新編諸子集成（第一輯）」、北京、中華書局、一九六一年
『東西均注釈』、方以智著、龐樸注釈、北京、中華書局、二〇〇一年
章炳麟『齊物論釈』『齊物論釈定本』、王仲犖校点、「章太炎全集」（六）、上海、上海人民出版社、一九八六年
『悟真篇浅解』、王沐浅解、「道教典籍選刊」、北京、中華書局、一九九〇年
『黄帝内経素問校注』上下、郭靄春主編、北京、人民衛生出版社、一九九二年

参考文献

島田虔次『朱子学と陽明学』、「岩波新書」、岩波書店、一九六七年
竹内照夫『礼記』中、「新釈漢文大系」二八、明治書院、一九七七年
本田済『易』上・下、「中国古典選」一・二、朝日新聞社、一九七八年
島田虔次『大学・中庸』上・下、「中国古典選」六・七、朝日新聞社、一九七八年
『黄帝内経素問』藪内清・小栗英一訳、藪内清責任編集『中国の科学』、「世界の名著」十二、中央公論社、一九七九年
楼宇烈「『王弼集校釈』前言」、中華書局、一九八〇年
毛沢東『矛盾論』小野和子訳、小野川秀美責任編集『孫文　毛沢東』、「世界の名著」七八、中央公論社、一九八〇年
高田淳『辛亥革命と章炳麟の斉物哲学』、研文出版、一九八四年
吉川忠夫『弘明集　広弘明集』、「大乗仏典」中国・日本篇四、中央公論社、一九八八年
譚嗣同『仁学』(西順蔵・坂元ひろ子訳注)、「岩波文庫」、岩波書店、一九八九年
林文孝「他者の死と私／私の死と他者――張載・朱熹・王夫之からの問い」、「山口大学哲学研究」第六巻、一九九七年
戸川芳郎『漢代の學術と文化』、研文出版、二〇〇二年
吾妻重二『宋代思想の研究――儒教・道教・仏教をめぐる考察』、関西大学出版部、二〇〇九年

第三章　時について

総説において王夫之《おうふうし》『宋論《そうろん》』をもとに言われたとおり、中国の思想において、時は「抽象的な時間概念ではなく、時宜を得ると言われるような、具体的な状況のことである」(五頁)。

こうした古典中国語における「時」という語の意味内容は、従来からさまざまな文脈で注意されてきた。中国文学者、吉川幸次郎(一九〇四—一九八〇)は次のように指摘する。

由来、中国に於ける「時」shyという言葉は、時間の流れを意味するよりも、特殊な事件を記録した特定の時間を意味し、指示する。さればこそ古くは、この文字が、「是」という指示詞の代りにさえ使われた。つまり「時」と「是」とは、元来は一つの言葉であったのである。そうした関係は、この字が専らときを意味するようになった後にも、なお痕跡をとどめ、必ず「そのとき」と、一つの時間を指示する。それは時間の流れ、時間の線ではなくして、特殊な色を帯びて時間の線の上にふくらむ点である。従って、それは常に必ず自ずからを、他と区別する。ことに詩に於いて、何何の「時」と収まる時は、そうである。杜甫の、

「何《か》将軍の山林に遊ぶ」詩に、「落日平台の上、春風に茗を啜《すす》る時」。これはそうした優游自適の境地が、人生に稀なものであることを強調する。おなじく杜甫の「秦州雑詩」に、「鼓角縁辺の郡、川原の夜ならんと欲する時」。これはそれが天地の最も凄愴な瞬間であることを指示する。

（吉川 一九六八、二〇六頁。傍点・ルビ原文）

この引用文が主題としているのは王昌齢《おうしょうれい》の七言絶句「長信秋詞《ちょうしんしゅうし》」であり、その結句「分明複道奉恩時」である。漢の成帝の後宮にあって寵愛の衰えをかこった班婕妤《はんしょうよ》が、かつて自らが絶頂にあったときを回想する設定である。ここに引かれた杜甫の詩を論じる機会にも、吉川はこの議論を繰り返し用いており、彼得意の議論であった。

では、このように「時間の流れ」を意味しない「時」概念が、中国思想においてどのような文脈で用いられ、どのような思想的意味を込められていたのだろうか。

また、「時」に対して現代日本人が予想する意味内容である「時間」の流れ、また、「過去・現在・未来」として概念化している時間様相については、中国思想においてどのように表現され、論じられていたのだろうか。

以上を主要な問いとしつつ、「時」の種々相に触れていくことをとおして、中国のコスモロギアの一端を明らかにしたい。

1 「時」は「時間の流れ」を意味しない

1 「時に習う」とはいつ習うのか？

あまりにも有名だが、『論語《ろんご》』冒頭は次のようになっている。

子曰、学而時習之、不亦説乎。（『論語』学而）

この中の「時に習う」という文言について、「時に」とはどのような様態を指すのか。いつ習うのか。歴代の解釈は必ずしも一致しない。ただし、日本語の「ときどき」といった漠然たる意味でないことはたしかである。どのような解釈にせよ、その前提には時間上の特定の点を指すという中国語の「時」の基本義があり、その様態についてさまざまなニュアンスが付けられている状況だといってよかろう。「時間を決めて」なのか、「しょっちゅう」なのか、「適当な時に」なのか。これについて、六朝義疏学の一成果である皇侃《おうがん》（四八八—五四五）『論語義疏《ろんごぎそ》』の解釈を見てみよう。結論は必ずしも現在通行の解釈に一致しないが、「時」の意味として可能な幅を踏まえながら論じているところに特色がある。

「時」者、凡学有三時。一是就人身中為時、二就年中為時、三就日中為時也。一就身中者、凡受学之道、択時為先、長則捍格、幼則迷昏、故「学記」云、「発然後禁、則捍格而不勝、時過然後学、則勤苦而難成」、是也。既必須時、故「内則」云、「六年教之数与方名、七年男女不同席、八年始教之譲、九年教之数日、十年学書計、十三年学楽誦詩舞勺、十五年成童舞象」、並是就身中為時也。二就年中為時者、夫学随時気、則受業易入、故「王制」云、「春夏学詩楽、秋冬学書礼」、是也。春夏是陽、陽体軽清、詩楽是声、声亦軽清、軽清時学軽清之業、則為易入也。秋冬是陰、陰体重濁、書礼是事、事亦重濁、重濁時学重濁之業、亦易入也。三就日中為時者、前身中年中二時而所学、並日日修習不暫廃也。故「学記」云、「蔵焉修焉息焉游焉」、是也。今云「学而時習之」者、「而」猶因仍也。「時」是日中之時也。「習」是修故之称也。言人不学則已。既学必因仍而修習、日夜無替也。「之」、之於所学之業也。

「時」とは。学ぶことには三つの時がある。一つめは人の身体発達に即して時を設けるのであり、二つめは一年の中で時を設けるのであり、三つめは一日の中で時を設けるのである。〔一〕「身体発達に即しての時」とは。およそ学の授けかたとして、時の選択をまず考えるべきである。成長してからでは抵抗が生じ、幼いうちでは理解できない。それゆえ、『礼記《らいき》』

学記に「邪悪な思いが発生してから禁止するのでは、堅く阻まれて打ち勝つことができない。時が過ぎてから学ぶのでは、努力を積んでも成就しがたい」といっているのはそのことである。時を待つことが必要であるから、『礼記』内則に「六歳になってから、一から十までの数と方角の名前を教える。七歳で、男と女は同じむしろに座らせない。八歳で、初めて譲ることを教える。九歳で、干支による日の数え方を教える。十歳で、書法と数学を学ばせる。十三歳で、音楽を学び、詩をとなえ、文舞を舞う。十五歳で成童となり、武舞を舞う」〔訳者注：『礼記』原文に対して一部節略改変あり〕といっている。すべて身体発達に即して時を設けているのである。〔二〕「一年の中で時を設ける」とは。学ぶことを時節に合わせてやると、課業が身につきやすい。それゆえ『礼記』王制に「春夏に詩と音楽を学び、秋冬に書〔訳者注：古代の王の政治の記録〕と礼を学ぶ」〔訳者注：『礼記』原文は春秋と冬夏に分けて記述している〕といっているのはそのことである。春・夏は陽であり、陽とは軽くて澄んだものである。詩と音楽は音声であり、音声もまた軽くて澄んだものである。軽くて澄んだ時に軽くて澄んだ課業を学ぶならば、身につきやすいのである。秋・冬は陰であり、陰とは重く濁ったものである。書と礼は事柄であり、事柄もまた重く濁っている。重く濁った時に重く濁った課業を学ぶならば、やはり身につきやすいのである。〔三〕「一日の中で時を設ける」とは。ここまでの身体発達と一年の二つの「時」に学んだことを、いずれも毎日繰り返し訓練してしばらくの間も捨て去らないのである。それゆえ、「学記」に「心に留め、行動に表し、休息のときも忘れず、遊ぶときも忘れない」といっているのはそのことである。今、〔『論語』

本文で〕「学而時習之」と言っているのは、「而」は「そのまま」という意味で使われている。「時」は一日の中の時である。「習」は以前のことを訓練することを称する。その意味は、人は学ばなければそれまでだが、学んだ以上は必ずそのまま訓練し復習して、日夜やめることのないようにする、ということだ。「之」とは、学んだ課業のことを指示している。

（皇侃『論語義疏』巻一）

学ぶことに即してみたときに「時」に三つあることを挙げ、それを踏まえつつ、「習う」場面での「時」が一日の中の時であることを述べる。その内容は、つねにくり返すという連続的訓練のイメージとなるが、それ以外の二つの「時」がいずれも適切な時機・時節を意味していることは見逃せない。

2 『易』の時

『易《えき》』の考え方については「化について」の章で紹介されたとおりである。そこでも言われていたように、個々の卦が表すのは、宇宙の生成変化の過程における特定の局面である。その局面を指して「時」と称する。各卦に付けられた注釈部分「彖伝《たんでん》」では、その卦の「時」あるいは「時義」「時用」の重大さ、偉大さが賛美されることがある。占った主体は、その時の重大さを十分に受け止め、取るべき道を判断することが求められる。

ここでは、変革・革命を表す「革」卦䷰について、程頤《ていい》（一〇三三―一一〇七）『周易程氏伝《しゅうえきていしでん》』に基づきつつ訳す。原文も同書所掲のものである。


革。巳日乃孚、元亨、利貞、悔亡。

彖曰、革、水火相息。二女同居。其志不相得。曰革、巳日乃孚。革而信之。文明以説。大亨以正。革而当。其悔乃亡。天地革而四時成。湯武革命。順乎天而応乎人。革之時大矣哉。

象曰、沢中有火、革、君子以治麻明時。

革：一日の終わりには信じてもらえる。願いが大いに通る。正しく対処するものによろしい。後悔は消える。
彖伝：革は、上が沢で水を表し、下が火を表し、たがいに打ち消し合う。上下とも女性を表し、同居すると気持ちがしっくりゆかない。そこで革命が起こる。「一日の終わりには信じてもらえる」とは、変革して〔上に立つ者が一日かけて詳しく説明した末に〕人々が信じてくれること。文明の徳があるために人々に悦ばれる。願いは大いに通り、正道から外れない。変革のしかたが正当なので、悔いは消滅する。天地が革《あらた》まってこそ四時が成り立つ。殷の湯王、周の武王が天命を革めたのも、天に従い人の心に応じてのことであった。変革の時とは、偉大なものである。

象伝《しょうでん》：沢の中に火がある姿が〔水と火とで打ち消しあい変革するかたちで〕革である。君子はこの様子を観察して暦を整え、四時の順序を明らかにする。（『周易』革卦）

ここに挙げた中の「象伝」の文言は、受命改制の一環として暦の制定による時間の支配を位置づけた中国の王権理念を端的に表現したものである。この理念に従って実際にどのような理論が整備され、暦の制定につながっていったのか。漢代の三統暦について記述した『漢書』律暦志は、そのことを具体的に知るための好個の資料であるが、ここには訳出しない。中国科学史の専家による精確な訳文がすでに提供されているからである（『漢書律暦志』、邦訳、一六七―二二三頁）。

「象伝」に言われた「時」は、「四時」と訳したとおり一つ一つの季節を意味する。古代中国の思想が天と人、とくに政治との対応関係を考えていたことは「天について」の章でも指摘されたが、季節に対応した内容の政令を行うべきだと説いた「時令」思想はその一環である。より細分化して月ごとの政令を考えたのが「月令」であり、『礼記』月令篇《がつりょう》などにその典型的な記述が見られる。

3　「時中」、「聖の時なる者」

「中庸」の美徳を賛美する『中庸《ちゅうよう》』においても、「時」はそのつどの状況を意味する。

その状況において最善のバランスをとることが、「時中」である。

仲尼曰、君子中庸、小人反中庸。君子之中庸也、君子而時中、小人之中庸也、小人而無忌憚也。

仲尼（孔子）が言った。君子は中庸であり、小人は中庸とは反対である。君子が中庸であるのは、君子としての徳をもってその時々の中点に居る。小人の中庸〔に反しているあり方〕は、小人の心をもって何の恐れ憚ることもない。（『中庸』）

このような「時中」のあり方を体現した人物は、孔子《こうし》その人であると考えられた。

孟子曰、「〔…〕孔子之去斉、接淅而行。去魯、曰、『遅遅吾行也。』去父母国之道也。可以速而速、可以久而久、可以処而処、可以仕而仕、孔子也。」孟子曰、「伯夷、聖之清者也。伊尹、聖之任者也。柳下恵、聖之和者也。孔子、聖之時者也。〔…〕」

孟子が言った。「〔…〕孔子が斉を立ち去ったときには、炊こうとして水に漬けていた米を手に承けて持っていくほどの慌ただしさだった。魯を立ち去るときには、「私の進み方の何と遅いことか」と言った。父母の国を立ち去るときのあり方である。素早くすべきときは素早くし、長居すべきときは長居し、野《や》に在るべきときは野に在り、出仕すべきときは出仕するのが、孔子である」。孟子が言った。「伯夷《はくい》は、聖人の中でも清なる（純粋な）者である。伊尹《いいん》は、聖人の中でも任なる（使命感あふれた）者である。柳下恵《りゅうかけい》は、聖人の中でも和なる（協調的な）者である。孔子は、聖人の中でも時なる者である。［…］」（『孟子《もうし》』万章下）

孔子の出処進退がその状況に応じて一律でなく、多様に変化していたことを評した言葉である。対比される三人についての記述を要約すると、伯夷は、正しい政治の行われる治世以外には出仕しようとせず、いかなる悪をも受け付けることができなかった。伊尹は、治世においても乱世においても進んで出仕し、天下の人々に聖人の教えの恩沢を被らせるという自分の職責を果たそうとした。柳下恵は、用いられる際には相手を選ばず、捨て去られても怨まず、どんな無礼に対しても自分が汚されるわけではないとして許容した。こうした出処進退の文脈において見たときに、孔子の態度は「時」の一語で表現される。一見したところ無原則に見えるが、じつはその時々の時宜にかなっていたということである。それはすなわち、「時中」なるあり方をより端的に表現した言葉だということができるだろう。

2 「時間性」を表す概念は「道」ではないか？

「時」は「時間の流れ」を意味しない。しかし、だからといって、我々が「時間の流れ」として表象するようなあり方、いうなれば「時間性」が、中国人の観念から欠落していたとはいえない。それが背景になければ特定の時点を「時」として切り出すこともできないはずである。

では、中国思想で「時間性」を表していた概念は何だったのだろうか。複数の論者の導きにより、それは「道」ではなかったか、と述べたい。ただし、それは当然、物理学的な時間のように単なる直線によって表象されるものではなく、ある種の交代のリズムによって刻まれるような持続性である。その交代を表すのが、陰陽であり、またその消息であった。そうした交代するリズムの表現にもあわせて触れることにしよう。

1 『老子』の「道」

菊地章太は、住井すゑ（一九〇二―一九九七）の理解にのっとりつつ、以下のように述べる。

> 『老子』のいう「道」とは「時間」のことではないか。それは時間という変わることのない自然の法則を意味するのではないか。人間によって作られたあらゆる秩序をはるかに超えたところに、より大きな法則がある。それは時間である。老子のいう「道」とはこのことだ、と住井さんは考えた。それは、この世の中で「われわれがどうしても従わなければいけないもの」であり、「絶対に抵抗のできないもの」であるという。（菊地 二〇〇二、二八頁）

人間世界のいわれなき差別を超克する原理として、住井が『老子』の「道」に行き着いたことの意味は重い。菊地は、道教の歴史の中でも、抑圧された者たちの希望が『老子《ろうし》』の「道」に託され続けたことに思いを致している。

これとは全く別の文脈ながら、『老子』の「道」を「時間」として解釈する例はほかにもある。現代中国の謝金良《しゃきんりょう》は、ハイデガー哲学を背景に道家思想を美学的に研究した著作で、「道は乃ち久し」（『老子』第十六章）といった文言をもとに「道」を時間に等しいとしている（謝 二〇一二、七五頁）。

それにしても、「道」と「時間」とが一致するという考えはどの程度妥当なのだろうか。試みに、『老子』から二箇所の引用をして参考に供しておこう。

> 有物混成、先天地生、寂兮寥兮、独立不改、周行而不殆、可以為天下母。吾不知其名、字之曰道、強為之名曰大、大曰逝、逝曰遠、遠曰反、故道大、天大、地大、王亦大、域中有四

大、而王居其一焉、人法地、地法天、天法道、道法自然。

何らかの物が渾然とできあがり、天地よりも先に生まれる。音もなく空洞で、それ自体で存立して変わることがなく、あらゆるところをめぐって疲れることがない。天下の母といえる。私はその名を知らない。呼び名をつけて「道」というが、無理に名づければ「大」となろう。大とは行くこと、行くとは遠ざかること、遠ざかるとは反ってくること、それゆえ、道は大であり、天は大であり、地は大であり、王もまた大である。世界に四つの大があって、王がその中の一つを占めている。人は地を規範とし、地は天を規範とし、天は道を規範とし、道は自然なるあり方を規範とする。

（『老子』第二十五章）

天地以前にあった何者か。それ自体は不変でありつつ、あらゆるものを生み出す根源的なもの。それは極限まで遠ざかりながらまた帰ってくるという反復運動をしている。もしそれが「時間」に相当するとすれば、それは単に形式的な枠組みではなく、反復運動という実質的な内容とそのリズムもまた同時に与えられていることになろう。

上善若水、水善利万物而不争、処衆人之所悪、故幾於道。

最上の善は水に似ている。水はあらゆるものに恵みを与えて争わず、人がみな嫌うような場所に位置する。それゆえ、道に近いのだ。

（『老子』第八章）

これは「道」に近いものとして「水」のイメージを提起したものだが、あらゆるものの基底にある何らかの流れとして、やはり「時間」に近いものを見て取ることができるのではないか。

2 朱熹の「川上の嘆」解釈と「道」の姿

朱熹《しゅき》（朱子《しゅし》　一一三〇―一二〇〇）は、四書への注釈書『四書集注《ししょしっちゅう》』を通じて甚大な影響を後世に及ぼした。『論語』の「川上《せんじょう》の嘆」と呼ばれる章への注釈には、独特の「道」理解が示されている。

子在川上、曰、「逝者如斯夫。不舎昼夜。」

（『論語』子罕）

川のほとりで孔子が「逝く者はこのようであろうか。昼も夜も休むことがない」と嘆じたのであるが、漢代以来の通説は、あらゆるものの消失に対する嘆きと考えていた。それに対して朱熹は、程頤の唱えだした新解釈を承けてこの章を、学ぶ者たちへの勉励と捉え、次のように注する。なお、文中の「〇」は、『四書集注』において、注としての主要部分と諸家の見解を参照する部分とを区別する表示であり、「○」以下を「圏外の説」などと呼ぶ。

天地之化、往者過、来者続、無一息之停、乃道体之本然也。然其可指而易見者、莫如川流。故於此発以示人、欲学者時時省察、而無毫髪之間断也。○程子曰、「此道体也。天運而不已、日往則月来、寒往則暑来、水流而不息、物生而不窮、皆与道為体、運乎昼夜、未嘗已也。是以君子法之、自強不息。及其至也、純亦不已焉。」又曰、「自漢以来、儒者皆不識此義。此見聖人之心、純亦不已也。純亦不已、乃天徳也。有天徳、便可語王道、其要只在謹独。」愚按、自此至篇終、皆勉人進学不已之辞。

天地があらゆるものを変化させる働きは、往く者が過ぎていけば来る者が続き、少しの間も止まることがない。こういうのが道そのものの姿の本来のありようである。しかし、それが具体的に示せてわかりやすい例としては、川の流れが最もよい。そこでここにこの言葉を発して人に示し、学ぶ者がつねに反省していささかも中断することのないようにと望んだのである。○程子はいう。「これは道の具体化した姿である。天はめぐりめぐって終わることがない。日が沈めば月が昇り、寒さが去れば暑さが訪れ、水は流れて休まず、物は生まれ続けて尽きない。これらはすべて道というものを具体的に表した姿であって、昼夜めぐり続けてけっして終わらないのである。そこで、君子はこれを模範とし、「努力して休まない」

『周易』乾卦象伝〕。それが行きつくところ、「純一で終わることがな」くなるであろう〔『中庸』第二十六章〕」。こうもいう。「漢代以来、儒者はみなこの意味を見失っている。この文からは、聖人の心が純一で終わることがないことが分かる。純一で終わることがないものこそ、天の徳である。天の徳があればこそ王道を語るにふさわしい。その要点は独り居るときを慎みさえすればよい」。私が考えるに、ここから篇の終わりまではすべて、人を励まして休まず学問に打ち込むようにさせる言葉である。

〔『論語集注《ろんごしっちゅう》』巻五、子罕「子在川上」章注〕

この部分の翻訳にあたり、「与道為体」といった箇所の理解について木下鉄矢の説に負うところが多い。木下はこう言う。

「川上の嘆」章の注解において、冒頭の「天地之化」を承けて止《とど》めた「道体之本然也」の「道」とは、これをめぐる特徴的に形而上学的である朱熹の思索の中で、結局のところ一体如何なる「形而上学的存在」なのか。もし我々の言葉で言うとすると、それは一体如何なる形而上学的存在に該当するのだろうか。／結論から言うなら、それは、世界がそもそも時間的に展開され行く「場」として存立することが可能であることの芯にある「純粋持続意志」である。

（木下 一九九九、二〇一頁。ルビ原文）

「道」そのものは形而上学的なものであるが、それが何らかの具体的な姿をとおしてイメージされるとすれば、それは日が沈み月が昇るとか、川が休まず流れていくとかいった間断なき持続をとおしてである。ここに捉えられているのは、持続的な運動性と密接不可分のものとして表象された、時間としての「道」であるといえよう。

3 「消息」

「道」が時間性を表すという考え方がかなりの妥当性をもつとしても、それが物理学的な時間とは一致しないことはすでに述べたとおりである。そこには、陰陽の消息（消えまた生じる）あるいは交代といった反復的リズムの持続がつねに刻まれているであろう。

陰陽の消息からなる宇宙のリズムと、それを人間的時間に変換する機構について思考をめぐらしたとおぼしいのが、方以智《ほういち》（一六一一―一六七一）『東西均《とうざいきん》』末尾の一章である。十分には理解しがたい記述だが、龐樸《ほうぼく》の注釈をたよりに訳してみる。

消息自消息、消息之法各各自成消息之法、吾何容心于其間哉。雖然終古如此、終古不得遂如此語也。不発無不知不相知之疑、則何以悟本不待悟之消息。不知悟之当専、則何以知専悟之違消息邪。嗡問呴、呴曰、「代」。呴問嗡、嗡曰、「錯」。本無代錯、随其代錯。月代量而錯以星也、紀日月星之差而錯成時也。天何道乎。時而已矣。時何道乎。差錯而已矣。聖人知之、以差為歩、以逆為学。日差于天、月差于日、星互差于日。合差而時顕、積差而天顕。差以所過謂之暦、不能暦天而日嘖嘖以攀天、天寧許其呼「知我」哉。人之学也、以差為逆、以逆為差、差逆之所過、此空空之実暦也。『易』、逆数也。学、逆幾也。以順用逆、逆以為順、天差而不差、学天者過而無過矣。「礼運」曰、「日星以為紀、月以為量」。其代錯之所以不息乎。其不息之所以代錯乎。

消息はそれ自体として消息しており、消息を認知する方法はそれぞれに自ら消息を認知する方法を成り立たせている。私がそこに意図を働かせる余地などあろうか。しかし、古来永久にこうではあるが、古来永久にこのようであり続けると言い切ることはできない。すべてを知っていながら、おたがいのことはわかっていないのではないかとの疑いを起こさなければ、どうして、本来悟るまでもない消息を悟ることができようか。悟るには集中すべきことを知らなければ、どうして悟ることへの集中が消息からかけ離れているのを知ることができようか。吸気が呼気に尋ねると、呼気は「交代だ」と言った。呼気が吸気に尋ねると、吸気は「交錯だ」と言った。本来は交代も交錯もありはしない。交代し交錯するままに任せるのだ。月は自らの交代を時間単位とし、星の運動をそこに交錯させる。日・月・星の運行差を秩序立てて交錯させることにより時を量る暦が作られる。天は何を道とするのか。それは時だ。時は何を道とするのか。それは差異と交錯だ。聖人はこのことを理解し、差異を天の測定法とし、予測することをもって学問とした。日は天に対して差がつき、月は日に対して差がつき、星は日との間で相互に差がつく。差を総合してみると時が顕わとなり、差を積み重ねると天が顕わとなる。超過分を差として重ねていくのを暦と呼ぶ。天を暦に表すことができなくても、日は大騒ぎしながら天によじ登っていく〔?〕。天はどうして、人から「わたしを知るもの」〔『論語』憲問、本書「天について」十九頁参照〕などと呼ばれることを許すだろうか。人の学問は、差によって予測を立て、予測をもとに差を説明するのだが、差と予測とのずれるところこそ、大空の本当の暦である。『易』は逆数であり、学問は兆候から予測するのである。順当に予測を行い、予測して実際に当てはまることにより、天の差はじつは差などないのであり、天を学ぶ者が間違ったかに見えてじつは間違っていないのだ。『礼記』礼運篇にいう。「日と星を秩序の枠組みとし、月を時間の量とする」。これが、交代・交錯が休むことのない理由であろうか。また、休むことのないものが交代・交錯する理由であろうか。

（『東西均』「消息」）

あまりにも難しく、どこかに大きな間違いがあるのかもしれないと疑われるほどだが、消息という宇宙的な秩序と、その中で人間が認識し活動していくための秩序との関係は、興味深い問題として受け止めることができそうである。それは一致するのか、一致し得ないのか。方以智は最後に「すべては間違っていない」との立場に行きついたらしいのだが、その解釈でよいのかどうかを含めて、検討に値しよう。

3　終末論について

前節に見た、陰陽の消長交代からなる「道」の持続を中国の基本的な時間性観念だとすれば、そこに始めや終わりを想定することは困難である。じっさい、中国に創造神話や終末論はないと言われてきた。

しかし、消長のサイクルにおいて衰退の極致が訪れるとき、それは一種の終末に近いのではないか。たとえまた世界が再生するのだとしても、現にある世界がほとんど崩壊してしまうのであれば、この世界の住人にとって見ればそれは終末といえる。そのような世界の崩壊を予定する思想は、中国にもいくつかのパターンで見られた。

1 『皇極経世書』

世界崩壊へのサイクルがあまりにも巨大なスパンで考えられているために、終末それ自体がほとんど危機意識の対象となり得ないのが、邵雍《しょうよう》（一〇一一―一〇七七）の『皇極経世書《こうきょくけいせいしょ》』での所説である。その循環的歴史観は、「元・会・運・世」という独特のタームによって要約される。

まず、前提となる時間観と、上記の時間区分にも連なる四分法的整理の図式を見よう。

善化天下者、止于尽道而已。善教天下者、止于尽徳而已。善勧天下者、止于尽功而已。善率天下者、止于尽力而已。以道徳功力為化者、乃謂之皇矣。以道徳功力為教者、乃謂之帝矣。以道徳功力為勧者、乃謂之王矣。以道徳功力為率者、乃謂之伯矣。以化教勧率為道者、乃謂之易矣。以化教勧率為徳者、乃謂之書矣。以化教勧率為功者、乃謂之詩矣。以化教勧率為力者、乃謂之春秋矣。此四者、天地始則始焉、天地終則終焉、終始随乎天地者也。夫古今者、在天地間猶旦暮也。以今観今、則謂之今矣。以後観今、則今亦謂之古矣。以今観古、則謂之古矣。以古自観、則古亦謂之今矣。是知古亦未必為古、今亦未必為今、皆自我而観之也。安知千古之前万古之後、其人不自我而観之也。若然、則皇帝王伯者、聖人之時也。易書詩春秋者、聖人之経也。時有消長、経有因革。時有消長、否泰尽之矣。経有因革、損益尽之矣。否泰尽而体用分、損益尽而心跡判。体与用分、心与跡判、聖人之事業於是乎備矣。

りっぱに天下を化する者は、道を尽くすまでである。りっぱに天下を教える者は、徳を尽くすまでである。りっぱに天下に勧める者は、功業を尽くすまでである。りっぱに天下を率いるものは、武力を尽くすまでである。道・徳・功・力で化する者のことを皇といい、道・徳・功・力で教える者のことを帝といい、道・徳・功・力で勧める者のことを王といい、道・徳・功・力で率いる者のことを伯《は》（覇者）という。化し教え勧め率いることで道を行うものを易という。化し教え勧め率いることで徳を行うものを書という。化し教え勧め率いることで功業を行うものを詩という。化し教え勧め率いることで武力を行うものを春秋という。これら四者は、天地が始まるとともに始まり、天地が終わるとともに終わり、始終天地に随順するものである。そもそも古今とは、天地の間においては朝晩のようなものだ。今から今を観るとき、それを今と呼ぶ。後の時点から今を観るとき、今もまた古と呼ばれる。今から古を観るときは、それを古と呼ぶ。古自体の観点から観たら、古もまた今と呼ばれる。このことから、古は古と限定されるわけではなく、今もまた今と限定されるわけではなく、すべて自分の立場から観られたものであることがわかる。千古の以前にも、万古の以後にも、そのときの人が自分の立場から観たりしないなどと、どうしてわかるだろう。そうだとすれば、皇・帝・王・伯は聖人の時である。易・書・詩・春秋は聖人の経である。時には衰退と伸長があり、経には踏襲と変革がある。時に衰退と伸長があることは、〔易の〕否・泰の二卦が尽

会	運	世	年	西暦紀年	備考
6	180	2157			堯の始（黄畿注本では 2156 世）
		［…］			
		2160	64800		（第 6 会終期）
7	181	2161	64801		（第 7 会始期）
	［…］				
	185	2218	66539	前 479	孔子卒
	［…］				
	189	2266	67977	960	宋王朝樹立
	190	2269	68041	1024	宋仁宗天聖二年（第190 運始期）
	［…］				
	192	2302	69032	2015	今年（本書出版時点）
		［…］			
		2304	69120	2103	（第192 運終期）

黄畿注本等による第 180～192 運の細目

くしている。経に踏襲と変革があることは、〔易の〕損・益の二卦が尽くしている。否と泰の内容が尽くされて本体と作用が分かれ、損と益の内容が尽くされて心と事跡が区別される。本体と作用が分かれ、心と事跡が区別されて、聖人の事業は完備したものとなる。

（『皇極経世書』観物内篇第五篇）

こうした四区分法を歴史の消長のサイクルに当てはめたのが、「元・会・運・世」である。「観物内篇」第十篇の記述に拠れば、一元＝十二会＝三百六十運＝四千三百二十世であり、一会＝三十運、一運＝十二世、一世＝三十年であるから、一元＝十二万九千六百年ということになる。これを図式化したものが「経世一元消長之数図」として知られる（『性理大全《せいりたいぜん》』巻八）。三浦國雄《みうらくにお》に

元	会	運	世			
日甲	月 子 1	星 30	辰 360	年 10800	復	
	月 丑 2	星 60	辰 720	年 21600	臨	
	月 寅 3	星 90	辰 1080	年 32400	泰	開物 星之己 76
	月 卯 4	星 120	辰 1440	年 43200	大壮	
	月 辰 5	星 150	辰 1800	年 54000	夬	
	月 巳 6	星 180	辰 2160	年 64800	乾	唐堯始 星之癸 180 辰 2157
	月 午 7	星 210	辰 2520	年 75600	姤	夏殷周秦両漢両 晋六国南北朝隋 唐五代宋
	月 未 8	星 240	辰 2880	年 86400	遯	
	月 申 9	星 270	辰 3240	年 97200	否	
	月 酉 10	星 300	辰 3600	年 108000	観	
	月 戌 11	星 330	辰 3960	年 118800	剝	閉物 星之戊 315
	月 亥 12	星 360	辰 4320	年 129600	坤	

「経世一元消長之数図」（『性理大全書』巻八）による一元の概念図

よれば、これが邵雍の考え方そのものを正確に反映しているかどうかは疑わしいところがある（川勝一九七三、二五二頁）。しかし、邵雍の「元・会・運・世」説の図式化として最も広く知られた図であることもたしかである。これを若干アレンジしたかたちで上に図表で示し、一元の内容とその歴史時間とのかかわりを示そう。

　ここに見る壮大なまでの循環サイクルは、仏教の「劫《こう》」の考え方からも影響されたものだろう。ただ、邵雍による現在時の想定が一元の極盛期を少し過ぎたあたりであることから考えれば、終末を想定してはいるものの、それをほとんど無限遠にまで遠ざけるものといえるだろう。

2 『太平経』

同じく循環的な発想をもつ終末論思想でありながら、道教経典ではおおむねより切迫した危機感が語られる。後漢末に黄巾の乱を引き起こした太平道の教説を伝える『太平経《たいへいきょう》』より、「承負」によって終末がもたらされるとする認識が語られた箇所を読もう。「承負」とは、天地開闢以来、人間の行いに含まれていた罪過が累積されて後の世代に継承され、負わされることをいう。承負は世代を追って連鎖的に増大していき、ついには天の怒りを呼び起こすのだという。以下は、真人に対して語られる天師の言葉である。

今下古、所以帝王雖有万万人之道徳、仁思称天心、而凶不絶者、乃承負流災乱以来独積久、雖愁自苦念之、欲楽其一理、変怪盗賊万類、夷狄猾夏、乃先王之失、非一人所独致、当深知其本。是以天使吾出書、為帝王解承負之過。

今、〔上古・中古よりも降った〕下古の時代にあって、帝王が万万人分もの道徳をもち、仁により天の心にかないたいと願っても、凶事が絶えないのは、承負からもたらされる災いや混乱ばかりが長らく積み重なっているからだ。そのことに苦慮し少しでも治まるように願うとしても、怪異や盗賊などさまざまなことが起こり、夷狄が中国をかき乱したりする。それは、先王たちの失敗によるもので、一人が招いたことではない。その根本を深くわきまえるべきである。そこで、天は私に書物を出現させ、帝王のために承負の罪過を解くようにさせたのだ。

（『太平経』巻四十九）

天は承負の累積に対して天地の崩壊をもって報いるばかりではない。天師を通じて太平の書をもたらし、太平の気を到来させようともしている。人類を滅亡させることは無辜の生命を大量に奪うことになるからだという（『太平経』巻九十二）。いわば、終末の危機が最大化した現在は、最大の救済のためのチャンスとも位置づけられた。

だとすれば、これは周期的な反復を予想するとはいえ、波のうねりのような通常の循環的時間観念とは若干異なる。周期ごとの間には、マイナスの極からプラスの極への激動的な反転変化が想定されているのである。

4 「古・今」、「過去・現在・未来」

時間には「過去・現在・未来」の三つの様相があるといわれる。これらはたしかに、相互に還元することの不可能な独特のありかたをしているように思われるし、これらをどう関係づけるかということが哲学的時間論の重要なテーマとなってきた。では、中国思想の領域では、これら三様相に相当するものはどういうタームで概念化され、どう論じられてきたのか。また、先取りして言えば、中国には仏教経由でこの三様相の概念がもたらされるが、それについても中国独特の論じ方が見られるのではないだろうか。

1 「古」と「今」

中国にもともとある時間様相の概念は、おおむね二項からなる。「古今」であれば、過去と現在であり、「往来」であれば、過去と未来を指すと考えられる。両者を組み合わせた「往古来今」というい方もあるが、これは過去と現在・未来が大きく対置されていると考えることができよう。

このように、中国古来の時間概念は、我々が手にしている三様相にぴたりと当てはまるものではなく、その分思考に不自由を強いられるものであった。しかし、その不自由なタームを用いて発想しながらも、高度な哲学的思弁に到達していた形跡を読み取ることができる。

まず、「古」と「今」との対比を用いた比較的わかりやすい事例から見てみよう。

凡先王之法、有要於時也、時不与法倶至。法雖今而至、猶若不可法。故択先王之成法、而法其所以為法。先王之所以為法者何也。先王之所以為法者人也。而己亦人也、故察己則可以知人、察今則可以知古、古今一也、人与我同耳。有道之士、貴以近知遠、以今知古、以益所見、知所不見。故審堂下之陰、而知日月之行・陰陽之変、見瓶水之冰、而知天下之寒・魚鼈之蔵也。嘗一脟肉、而知一鑊之味・一鼎之調。〔…〕夫不敢議法者、衆庶也。以死守者、有司也。因時変法者、賢主也。是故有天下七十一聖、其法皆不同、非務相反也、時勢異也。故曰良剣期乎断、不期乎鏌鋣。良馬期乎千里、不期乎驥驁。夫成功名者、此先王之千里也。楚人有渉江者、其剣自舟中墜於水、遽契其舟曰、「是吾剣之所従墜」。舟止、従其所契者入水求之。舟已行矣、而剣不行、求剣若此、不亦惑乎。以此故法為其国与此同。時已徙矣、而法不徙、以此為治、豈不難哉。

およそ先王の法は、その時の要求にかなったものであるが、時は法といっしょにやって来たりはしない。法は今このときにまで存続していても、もはや法とすることはできないと思われる。それゆえ、先王が仕上げた法を捨てて、その法を制定した根拠を法とする。先王が法を制定した根拠とは何か。先王が法を制定した根拠は、人のあり方である。そして、自分もまた人であるから、自分を洞察すれば人を知ることができ、今を洞察すれば古を知ることができる。古と今、人と自分とは一様のものだからである。道を得た人物は、近いことから遠くを知り、今をもとに古を知り、見える範囲から推論することにより見えていないことまで知ることを大事にする。それゆえ、建物の下の日陰を調べることによって、日月の運行・陰陽の変化を知り、瓶に入った水が凍るのを見て、天下が寒く魚やスッポンが潜み隠れたことを知り、ひと切れの肉を味見して、釜いっぱいの味、鼎全体の味付け具合を知るのである。〔…〕そもそも、法についてとても口出しできる立場でないのが庶民であり、一命を賭して法を守るのが役人であり、時に応じて法を変えるのが賢い君主である。それゆえ、天下に七十一人の聖人が交替してきて、その法はすべて異なっていたが、相反するよう務めたわけではなく、時勢が異なっていたからである。そこで、良い剣は切れることが目標で、名剣鏌《ばく》鋣《や》となることが目標ではないし、良い馬は千里を走れることが目標で、名馬驥驁《きごう》そのものが目標ではない。そもそも功名を成し遂げる者は、先王の千里〔という実質によるの〕である。楚の国のある人が長江を渡っていたところ、その剣が舟の中から水中に落ちたので、急いでその舟に傷をつけて言った。「これが私の剣が落ちた場所だ」。舟が止まると、その傷を付けた場所から水に潜って探した。舟は進んでしまっているのに剣は進まないのだから、このようなやり方で剣を探すのは訳がわからないことである。古い法によってその国を治めようとするのも、これと同様である。時は移ってしまったというのに、法は変移しない。それによって統治を行おうとしても、難しいことではあるまいか。

（『呂氏春秋《りょししゅんじゅう》』察今）

これは、法家と呼ばれる思想家たちがよく用いた論法で、「古」と「今」との時代の相違から、

「古」の法をそのまま「今」に行うことができないことを述べる。ただし、このテクストは一方で「古」と「今」との同質性をも基盤に置いていることが注意される。時代は変わっても、政治において追求すべき目標は不変であり、その目標を追求するための手段のレベルにおいて、「時勢」の相異を勘案した変化が求められるというのである。

こうした素朴な思考と比べて、僧肇《そうじょう》（三七四―四一四）が到達したレベルは高い。彼は、鳩摩羅什《くまらじゅう》（クマーラジーヴァ）の弟子であり、般若経《はんにゃきょう》に説かれる「空」の教義について中国人僧侶として初めて本格的な理解に達したと称される。以下に引く文章では、「今」がたえず「古」に移行しているという世俗の常識が標的とされる。

傷夫人情之惑久矣、目対真而莫覚、既知往物而不来、而謂今物而可往、往物既不来、今物何所往。何則。求向物於向、於向未嘗無、責向物於今、於今未嘗有。於今未嘗有、以明物不来、於向未嘗無、故知物不去。覆而求今、今亦不往。是謂昔物自在昔、不従今以至昔、今物自在今、不従昔以至今。故仲尼曰、回也見新、交臂非故。如此、則物不相往来明矣。既無往返之微眹、有何物而可動乎。然則旋嵐偃嶽而常静、江河競注而不流、野馬飄鼓而不動、日月歴天而不周。復何怪哉。［…］人則求古於今、謂其不住、吾則求今於古、知其不去。今若至古、古応有今、古若至今、今応有古。今而無古、以知不来、古而無今、以知不去。若古不至今、今亦不至古、事各性住於一世、有何物而可去来。然則四象風馳、璇璣電巻、得意毫微、雖速而不転。

人々の判断力の無さには長らく嘆かわしいと思ってきた。目は真実に向かいながら覚知せず、往った物がやって来ないのを知っていながら、今の物は往くことができるなどと考える。往った物が来ない以上、今の物がどこに往くわけもない。なぜか。以前の物を以前に求めるなら、以前において無いことはありえないが、以前の物を今に求めても、今においては有ったためしがない。今において有ったためしがないことから、物が来ないことは明らかであり、以前において無いことはありえないことから、物が去らないことがわかる。ひるがえって今を考えてみるなら、今もまた往ったりはしない。これが、昔の物はもともと昔にあり、今を出て昔に到達するわけではなく、今の物はもともと今にあり、昔を出て今に到達するわけではない、ということである。それゆえ仲尼（孔子）は言った。「顔回よ、万物が刻々に新しいのを見よ。私と腕を交えて親しむのも、元のままではない」〔訳者注：『荘子』田子方にもとづく〕と。このようであれば、物がたがいに往来しないことは明らかである。往還のいかなる兆候もない以上、動くことのできる何物があろうか。だとすれば、つむじ風が山岳を倒すほどでも常に静かであり、大河が競い合って注ぎ込んでも流れてはおらず、陽炎が揺らめきたっても動いてはおらず、日月が天を経ていても回転していないことに、何の不思議があろうか。［…］人は古を今に求めてみたときに、それは停留していないと考えるが、私は今を古に求めてみて、それが去っていないことを知るのだ。今がもし古に到達するのなら、古の中に今があるはずであり、古がもし今に到達するのなら、今の中には古があるはずである。今であって古はないのだから、来ていないことがわかるし、古であって今はないのだから、去っていないことがわかる。もしも、古は今に到達せず、今もまた古に到達しないとすれば、事物はそれぞれの本性上一つの時点に停留しているのであって、去来することのできる何物もあり得ない。だとすれば、四季が風のように駆け巡り、北斗星が電光のように回転しても、以上の論旨を少しでも会得できたなら、いかに高速に見えるものも運動などしていないことがわかるだろう。

（僧肇『肇論《じょうろん》』「物不遷論」）

これを通じて僧肇が言わんとしたのは、「因は因、果は果としてそれぞれ厳然としてあり、消滅したり遷移したりしない。如来の功徳もまた同様である」ということらしい。だとすれば、因と果との間が因果関係にあるものとして把握可能であるためには、その間に時間の流れが必要ではないかとも思われる。それはともかく、一方では、「古」と「今」という素朴なタームを駆使しながら、ゼノンのパラドクスにも類比可能な議論を構築し得たことは十分に驚異的なことといえよう。

2 中国における「過去・現在・未来」

我々のもつ時間の三様相概念に対応する「過去・現在・未来」という用語は、仏教語の漢訳を通じて中国語の中に定着した。これらは「三世」と称され、「前際・中際・後際」の「三際」とも同義である。

これらの用語を用いながら、明末清初期の儒学において展開された思考を二例、瞥見しよう。いずれも、仏教的な思考のインパクトをどう受け止め、どう排除するかという問題意識をもっている。

一つは、明末の思想家であり政治家であった顧憲成《こけんせい》（一五五〇―一六一二）の『当下繹《とうげえき》』である。「当下《とうげ》」は、「現在」を意味する口語語彙であり、ぎりぎりの現在における主体のありようを追究するために禅宗で愛用されていた。明末の時点では陽明学においてもその使用が一般化している。顧憲成は、陽明学の思想を警戒する立場に立ちつつ、この「当下」の概念を批判的に摂取しようとしている。

> 近世率好言当下矣。所謂当下何也。即当時也。此是各人日用間坦坦平平一条大路、相応信受、但要知尚有箇源頭在。何也。吾性合下具足、所以当下即是。合下以本体言、通摂見在過去未来、最為円満。当下以対境言、論見在不論過去未来、最為的切。究而言之、所謂本体原非于対境之外另有一物、而所謂過去未来、要亦不離于見在也。特具足者委是人人具足、而即

是者尚未必一一皆是耳。是故認得合下明白、乃能識得当下、認得当下明白、乃能了得合下。此須細細参求、未可率爾也。

近頃では何かと「当下」と言うのが好まれる。「当下」と言われる内容は何か。それは「ただ今すぐ」ということだ。これはそれぞれの人が日常生活で歩む平坦そのものの一本の大通りで、何の疑いもなく受け止めているものではあるが、そこにはさらに本源があることを知らねばならない。どういうことか。我々の性は「合下《ごうげ》」に〔もともと〕具足しているのであって、それゆえ「当下にずばり正しい（当下即是）」のだ。「合下」は本体の面から表現したもので、現在・過去・未来を包括しており、最も円満である。「当下」は相手と向き合う場面で言われたもので、現在だけを取り上げて過去・未来は問題にしておらず、最も切実である。突き詰めて言えば、本体と言われるものは相手と向き合う場面以外に別の何物かがあるわけではなく、過去・未来と言われるものも、やはり現在以外のところにあるわけではない。言うなれば、具足しているといえば誰もがみな具足していることになるのに対し、「ずばり正しい」とは、あらゆる点ですべて正しいとは限らないというのにほかならない。それゆえ、「合下」をはっきりと見て取れたなら「当下」を識《し》ることができるし、「当下」をはっきりと見て取れたなら「合下」を悟ることができる。このことは委曲を尽くして追究していく必要があり、軽々しく扱うわけにはいかない。

（『当下繹』「源頭関頭」）

ここでは、当時の思想界で愛用されていた「当下即是」という表現の真実性を相対化しようとしていることが見て取れる。すなわち、生きた現在の端的な肯定として理解可能なこの言葉を、「合下」によって表現される超時間的本源との関連において位置づけようとしている。それにより、「当下」は決して全面的な正しさを保証されたものではないとされる。これによって孕まれる緊張感をもって、現在に直面した主体の取り組みが再活性化されているということもできよう。

もう一つは、王夫之（一六一九―一六九二）の『尚書引義《しょうしょいんぎ》』での議論である。すなわち、『尚書』多方で周の成王が諸侯国に向けて発した訓示のうち「惟聖罔念作狂、惟狂克念作聖（聖も念《おも》うことがなければ狂となり、狂もよく念えば聖となる）」をめぐって解釈を展開したものである。そこで標的とされているのは、鏡や天秤を比喩として心のあり方を説く朱子学の発想である。すなわち、鏡は対象があれば正確に映し出し、対象が去れば何も映さないし、天秤は計量対象の重さを正確に反映し、対象が去ればまたもとの平衡状態に戻る。このように、心は過去にも未来にもわずらわされず、現在の状況に誤りなく対応すべきだというのである。こうした発想を王夫之は、仏教や老荘の異端的な発想が無批判に持ち込まれたものと見ている。これに対して王夫之はどういうのか。

孟子曰、欲知舜与蹠之分、無他、利与善之間也。聖之所克念者、善而已矣。而抑有説焉。利与善、舜・蹠分岐之大辨、則胡不目言善、而但云克念邪。曰、但言克念、而其為善而非利、決矣。此体念之当人之心而知其固然也。何也。念者、反求而繫於心、尋繹而不忘其故者也。［…］若夫善也者、無常所而必協於一也、一致而百慮也。有施也必思其受、有益也必計其損、言可言、反顧其行、行可行、追憶其言、後之所為必続其前、今之所為必慮其後、万象之殊不遺於方寸、千載之遠不諠於旦夕。［…］通明之謂聖、炯然在心之謂明、終始一貫之謂通、変易之謂狂、惟意而為之謂易、今昔殊情之謂変。由此言之、彼異端者狂也。其自謂聖而適得狂者、罔念而已矣。彼之言曰、念不可執也。夫念、誠不可執也。而惟克念者、斯不執也。有已往者焉、流之源也、而謂之曰過去、不知其未嘗去也。有将来者焉、流之帰也、而謂之曰未来、不知其必来也。其当前而謂之現在者、為之名曰刹那〔原注：謂如断一糸之頃〕、不知通已往将来之在念中者、皆其現在、而非僅刹那也。荘周曰、「除日無歳」、一日而止一日、則一人之生、亦旦生而暮死、今舜而昨蹠乎。故相続之謂念、能持之謂克、遽忘之謂罔、此聖狂之大界也。

孟子は言った。「聖人君主である舜と大泥棒の盗跖との区別を知りたいならば、ほかでもない、利と善との間にある」〔『孟子』尽心上〕。聖がよく念《おも》う対象は善にほかならない。そこで、次のような議論があるだろう。利と善とは、舜と盗跖とが分岐する重大な区別であるが、だとすればどうしてその対象の内容を善と表現せずに、ただ「よく念う」としか言わないのだろうか、と。それは、ただ「よく念う」と言っただけで、それが善であって利でないことが決定的だからである。このことは、念う当人の心に成り代わってみるならば、当然そうであることがわかる。なぜか。念うとは、反省して心に係留し、手繰りよせてもともとのあり方を忘れない行為だからである。［…］善について言えば、一定の場所をもたないが必ず一つのあり方に帰着し、一致でありながらも多様な思慮の結果である。何かを与えるには受け手のことを必ず考え、利益があればかならず損失を見積もり、言えることを言うにも自分の行動を顧慮し、行えることを行うにも自分の発言を想起し、後で為すことは必ずその前から続くものであり、今為すことは必ず後のことを考慮し、多種多様な現象を心の内に取り漏らさず、千年も遠く離れた事柄を短時間のうちにも忘れたりしないのだ。［…］通じて明らかであるのを聖という。明らかとは明瞭に心にあること、通じるとは終始一貫していること。変じて安易なのを狂という。安易とは意のままに行うこと。変じるとは今と以前とで気持ちが違っていること。この点から言えば、あの異端の者どもは狂である。自分では聖だと思いながら狂以外の何物でもないのは、念うことがないからにほかならない。彼らの言葉では「念は固執してはならない」と言っている。そもそも、念うことに固執してはならないのは本当だが、よく念うものだけが固執しないでいられるのだ。すでに往ったものがある。流れの源である。しかるにこれを「過去」と呼ぶのは、それが過ぎ去ってなどいないことを分かっていないのである。これから来るものがある。流れの行方である。しかるにこれを「未来」と呼ぶのは、それが必ず来ることを分かっていないのである。目の前にあって「現在」と呼ばれるものに対して「刹那」（原注：一本の絹糸を切るほどの時間という意味）という名をつけるのは、念の中にある限りのすでに往ったものとこれから来るものを通じてすべて「現在」なのであって、単に「刹那」であるわけではないことを分かっていないのである。荘周は「日を考えなくなると歳もなくなる」（『荘子』則陽）と言ったが、一日が一日だけのものに止まるのであれば、一人の人としての生もまた、夜明けに生まれて日暮れに死に、今は舜でも昨日は盗跖であるようなことになるのか。それゆえ、念とは続いていくこと、克とは保持できること、罔とはすぐさま忘れること。これが、聖と狂との大きな境目である。

（王夫之『尚書引義』巻五「多方一」）

王夫之によれば、「現在」とは「刹那」にまで切り詰められるものではなく、むしろ、その前後とのつながりを保持した広がりであり、その連続性を保持する「念う」という心理活動によってこそ倫理的価値（善）が成立可能となる。この観点からすれば、朱子学的な現在中心主義は、刹那的瞬間をそのつど問題にするのみであり、倫理的価値の基盤を掘り崩すものであった。

顧憲成は「当下」という現在の瞬間を本源との関係で構造化しようとし、王夫之は、今ここに係留されるあらゆる既往と将来を含めたものを「現在」とした。方向性は異なるけれども、それぞれの「時」をより内容豊かなものとして捉え返そうという志向は共通している。

底本

武内義雄『論語義疏（校本）・校勘記』、同『武内義雄全集　第一巻　論語篇』、角川書店、一九七九年再版
程頤『周易程氏伝』、程顥・程頤『二程集』全四冊、王孝魚点校、北京、中華書局、一九八一年
朱熹『中庸章句』、同『四書章句集注』、北京、中華書局、一九八三年
朱熹『孟子集注』、同『四書章句集注』、北京、中華書局、一九八三年
王弼『老子道徳経注』、『王弼集校釈』全二冊、楼宇烈校釈、北京、中華書局、一九八〇年
朱熹『論語集注』、同『四書章句集注』、北京、中華書局、一九八三年
『東西均注釈』、方以智著、龐樸注釈、北京、中華書局、二〇〇一年
邵雍『邵雍集』、郭彧整理、北京、中華書局、二〇一〇年
王明編『太平経合校』全二冊、北京、中華書局、一九六〇年
『呂氏春秋新校釈』全二冊、呂不韋著、陳奇猷校注、上海、上海古籍出版社、二〇〇二年
僧肇「物不遷論」、中国社会科学院哲学研究所中国哲学史研究室編『中国哲学史資料選輯　魏晋隋唐之部』全三冊、北京、中華書局、一九九〇年
顧憲成『当下繹』、同『顧端文公遺書』、四庫全書存目叢書編纂委員会編『四庫全書存目叢書』（大陸版）子部第十四冊、済南、斉魯書社、一九九五年
王夫之『尚書引義』、船山全書編輯委員会編校『船山全書』第二冊、長沙、嶽麓書社、一九八八年

参考文献

塚本善隆編『肇論研究』、法蔵館、一九五五年
吉川幸次郎「王昌齢詩」、同『吉川幸次郎全集第十一巻』、筑摩書房、一九六八年
川勝義雄『史学論集』、「中国文明選」第十二巻、朝日新聞社、一九七三年（邵雍については三浦國雄執筆）
「漢書律暦志」川勝義雄・橋本敬造訳、藪内清責任編集『中国の科学』「世界の名著」十二、中央公論社、一九七九年
胡広等『性理大全』、中文出版社、一九八一年

本間次彦「王船山における「思」概念の思想的射程をめぐって――『読四書大全説』を中心に」、『中国――社会と文化』第一号、一九八六年
福永光司等『中国宗教思想1』「岩波講座　東洋思想　第十三巻」、岩波書店、一九九〇年
劉文英（堀池信夫等訳）『中国の時空論――甲骨文字から相対性理論まで』、東方書店、一九九二年
邵雍『皇極経世書』、黄畿注、衛紹生校理、鄭州、中州古籍出版社、一九九三年第二版
鶴成久章「顧憲成の『当下繹』について並びに訳注（上）」、『東洋古典学研究』第五号、一九九八年
神塚淑子『六朝道教思想の研究』、創文社、一九九九年
木下鉄矢『朱熹再読――朱子学理解への一序説』、研文出版、一九九九年
劉文英『中国古代的時空観念（修訂本）』、天津、南開大学出版社、二〇〇〇年
菊地章太『老子神化――道教の哲学』、「シリーズ　道教の世界」三、春秋社、二〇〇二年
フランソワ・ジュリアン『道徳を基礎づける――孟子 vs. カント、ルソー、ニーチェ』、中島隆博・志野好伸訳、「講談社現代新書」、講談社、二〇〇二年
謝金良『審美与時間――先秦道家典籍研究』、上海、復旦大学出版社、二〇一二年

余説

文化本質主義を越えて――中島隆博

加藤周一はその最晩年に『日本文化における時間と空間』(岩波書店、二〇〇七年)を著し、「今=ここ」に生きることを強調する日本文化を比較文化的に位置づけようとした。その際、日本文化の時間概念と空間概念の対極に配されたのが、ユダヤ・キリスト教的なそれであった。すなわち、日本文化の「今=ここ」に対して、ユダヤ・キリスト教的な世界観においては、「始めと終りがある時間、両端の閉じた有限の直線(線分)として表現されるような歴史的時間の表象」(『日本文化における時間と空間』、十五頁)が時間概念としてあり、「共同体の特殊性を越えて普遍的な価値の体系を作りだそうとしたキリスト教」(同、一三九頁)と「原則として国境を越え、その領域は無限に膨張しなければならない」(同、一四〇頁)資本主義が、外部へそして全世界へと向かうという空間概念があったと言うのである。

こうした文化本質主義的な比較文化論は、往々にして自然言語や国民文学の分析に向かうが、加藤もまた例外ではない。たとえば、「このような日本語の特徴(語順と時制)は、日本文化のなかでのある傾向、すなわち客観的時間よりも主観的時間を強調し、過去・現在・未来を鋭く区別するよりも、現在に過去および未来を収斂させる傾向を示唆する、ということである」(同、五三頁)という言明や、「抒情詩の形式における現在集中への志向は、散文においても、もっとも典型的には随筆において、全く同じように確認されるのである」(同、八〇頁)という言明はその典型である。

しかしながら、文化本質主義は、当該文化においてその「本質」にそぐわない「傾向」を例外としてしか扱うことができないし、主ではなく副として参照される他文化の扱いはぞんざいになりがちである。加藤の場合、前者に関して言えば、「今＝ここ」という時空間を超越する「精神的超越」として禅の「宗教的な神秘主義的体験」(同、二六四頁)が挙げられ、そこに「「今即永遠」、「ここ即世界」の普遍的な工夫」(同、二六〇頁)というユダヤ・キリスト教に比すことのできる時間概念・空間概念があるとされるが、「しかし禅体験の内的理解は、この本の範囲を越える」(同上)として叙述が回避される。後者に関して言えば、日本文化対ユダヤ・キリスト教文化の図式における中国文化の扱いである。それは時に日本文化に引き寄せられ、時にユダヤ・キリスト教文化に引き寄せられるのだが、それとしての中国文化が「本質」として論じられることは少ない。

本書が目指したのは、コスモロギアに対する中国的想像力を、こうした文化本質主義から引き離すことであった。すなわち、特定の文化的本質に還元できない多様性を、「天」、「化」、「時」といった諸概念の運動の中に見出すことで、過度に単純化して理解されてきた中国的想像力を解き放とうとしたのである。

それを確認するためにも、加藤の中国文化に対する言明を取り上げてみよう。第一の言明は、中国文化はギリシャ文化と異なるために、中国の思想家が宇宙の秩序に関心を持たず人間社会にのみ関心を有していたというものである。

古代ギリシャの哲学者たちの関心は、宇宙の基本的な秩序の探求に集中していたが、古代中国の思想家たちの関心はほとんど排他的に人間社会に向っていた。『易経』と名家を除けば、諸子百家において然り（たとえば墨子や韓非子）、殊に古代儒教においてはもっとも徹底していたといえるだろう。孔子は怪力乱神を語らず、孟子は決して天上の秩序に触れず、地上の、人間社会の、規範的分析に専念していた。儒教が天上と地上を含む世界の包括的な形而上学として組織されたのは、はるか後に仏教に影響され、仏教に対抗して宋学の理気説が興ってからである。（同、二二一—二二三頁）

しかし、第一章「天について」が示そうとしたのは、「古代中国の思想家たちの関心」が人間社会に向かうためにはどうしても天を経由しなければならず、その中で天と人の関係に対する多様に異なる思索が深まってきたということであった。また、第二章「化について」は、加藤がここで除いた『易』を中心に取り上げ、『易』とそれに対する一連の解釈が、宇宙の秩序と人間の社会を貫徹する生成変化のダイナミズムを解き明かしていたこと、そして、そうした易学が宋学以前でも以後でも中国の思想家によって核心的な学として共有されていたことを論じたのである。

もう一つ加藤から引用しておく。それは、中国文化の時間概念が日本文化の「今」と類似していて、始まりと終わりを持たないというものである。

> 無限の直線上を一定の方法〔方向〕へ流れる時間の概念は、しばしば無限に円周上を循環する時間の概念と、同じ文化のなかで共存する。たとえば古代中国の一方には循環史観があり、他方には天地の間に万物が去来し、光陰は去って再び帰らないという直線的な時間の意識があった。天地（自然）は永遠で、常にそこにある。時間には始めもなく終りもない。しかし万物（すべての個物）はあらわれては消え、人生は反復されない。ある年の桃花園の春夜（時間線上の一刻）さえも一度過ぎれば再びそこへ戻ることはできないだろう。したがってその一刻＝「今」が貴重だということになる。
>
> 古代中国に天地創造の神話がなかったわけではない（たとえば『山海経』）。しかしそれはあまりに荒唐無稽で、地上的かつ合理的な儒教的世界の知識人たちに何らかの影響を与えたとは考えられない。知的・精神的な中国にとって、天地の始めはなく、したがって時間の始めもなかった。また終末論のなかったことは、いうまでもない。時間は無限の直線であるという考えは、李白ばかりでなく多くの詩人に共有されていたのである。（同、二三―二四頁）

第二章「化について」と第三章「時について」が何としても批判しようとしたのは、こうした中国文化における時間概念である。第二章においては、「日新」と「生生」にもとづくこの世界では、新しいものはつねに新しいと考える、朱熹の「今」思想を批判する王夫之の議論が吟味されている し、第三章においては、やはり王夫之とさらには顧憲成を引きながら、朱子学的な刹那主義に陥ることのない、「時」の厚みが論じられているのである。加えて、第三章では、中国における終末論の可能性までも丁寧に論じている。第一章「天について」にも目配りをしておくなら、「天地（自然）は永遠で、常にそこにある」という信憑までも疑われる契機が中国的想像力にはあった。

このように見てくれば、中国のコスモロギアとそれを支える中国的想像力が決して単純ではないことがわかるだろう。それは文化本質主義によるアプローチが構造的に取り逃してしまうような豊かさと多様性に溢れたものなのである。ステレオタイプ的な中国文化像を消費して安心することはそろそろ止めにしてもよいのではないだろうか。

最後に蛇足ながら、加藤が回避した、「今＝ここ」を超越する禅の可能性について一言付け加えておきたい。宮川敬之の示唆によると、初期道元には後期道元において消されてしまった思考の可能性があるという。それは「直下承当」という概念に集約されるものだ。『学道用心集』（一二三四年）において、それは次のように論じられる。

直下に承当すること（第十）

右のことについてであるが、身《からだ》と心《こころ》をきっちりと定めてゆくのに、自然と二つのあり方がある。「師に参じて教えを聞くこと」と「坐禅を修行すること」である。教えを聞けば心のはたらきが自由になって解放され、坐禅をすれば行（修行）と証（さとり）の問題に決着がつく。そうであるから、仏道に入るには、もしどちらか一つを捨てても、承当する（しっかりと会得する）ことはできない。人は皆な身と心をもっており、その作《はたらき》には必ず強弱があり、勇猛であったり鈍く劣っていたり、あるいは躍動的であったり、ゆったりとしていたりする。この身と心でただちに仏を実証する、これが承当ということである。言ってみれば、これまでの身や心のあり方を特別な状態に変えるというのではなく、ただ、他（師）が実証した道に随ってゆくのを、「直下」と名付け、また「承当」と名付けるのである。ただ、他に随ってゆくのであるから、自分のこれまでの古い考えではないのである。ただ承当してゆくのであるから、新らしい住処を作り上げるのではないのである。
（『学道用心集』、『道元禅師全集』第十四巻、伊藤秀憲・角田泰隆・石井修道訳注、春秋社、二〇〇七年、七三頁）

「直下」とは、第三章「時について」の最後で言及される「当下」と同様に、「ただちに」「ただ今すぐ」という意味である。顧憲成が「当下」を、「合下」が表現する超時間的本源との関連において位置付けしなおしたのと同様に、道元もまた「直下」を、「参師聞法」すなわち時間的に先立つ他者である「師」に随って仏法を聞くという解釈に置くことで、その「今＝ここ」性を破る。後に、この「参師聞法」という概念は『正法眼蔵』において消去されてゆくのだが、初期道元にはこのような他者と他の時への通路があったのである。宮川敬之はそのことを次のように述べる。

自我を放擲し、「正しい師（正師《しょうし》）」や佛祖の示すところに従ってゆくことによって、さとりも修行も、自我が規定する狭さを超えて真の佛祖のさとりや修行として顕れてくると道元は考えるからだ（『学道用心集』）そうした自我を離れたさとりと修行の実践こそが、道元にとってては坐禅をすることになるのだが、このことは今は置いておく。

（「さとり・ことば・修行」、講談社『本』二〇一三年八月号、六一頁）

つまり、自我を離れるもしくは自我を縮小することによって、他者と他の時のためのスペースを空けることが、初期道元には思想的可能性としてあった。そして、道元に見られた、「今＝ここ」に還元されないような外部への連絡は、日本文化の内部から自然に生じたのではなく、中国文化との根源的な出会いによって生み出されていたのである。

この意味でも、中国のコスモロギアの普遍化可能性をわたしたちは今後さらに探究する必要があるだろう。

本文の余白に／から

本間次彦

本書では、天・化・時の三視点を通して、「中国のコスモロギア」を描きだそうとしてきた。細部にわたる描写はいまだ欠けているにしろ、その輪郭はすでに浮かびあがっているのではないだろうか。この「余説」の中では、本文には描ききれなかった線を何本か付け加えてみたい。それらの線は、日本語でもなく、中国語でもない、第三のことばによって引かれる。それらは、当然のことながら、いずれも、中国を語っている。ただし、語り方は一様ではないし、最近語られたことばでもない。しかし、そこに語られる中国の像は、いずれも、この書の本文と共鳴しあうことが期待できるように思う。共鳴は必ずしも直接的ではない。ただ、そのことによって、それらは、思わぬ角度からこの書の本文を補足してくれるだろう。

順番に参照していってみよう。

最初に取りあげるのは、リヒアルト・ヴィルヘルムの「中国の宗教に与えた革命の影響」である。ヴィルヘルムは、中国研究者として、多くの中国古典をドイツ語に翻訳している。その中には、

『易経』も含まれる。また、ユングとの交友でも知られる。一八九九年から宣教師として中国に赴任していたヴィルヘルムは、一九一三年九月に執筆した報告書を、「中国の宗教に与えた革命の影響」と題していた。「革命」とは、もちろん、辛亥革命を指している。

報告書は、辛亥革命後の状況下に、中国におけるキリスト教布教の将来的な可能性を展望している。ここに引用するのは、その冒頭の部分、伝統社会の中で、儒教がどのような地位を占めていたかという点に関連する記述である（新田義之『リヒアルト・ヴィルヘルム伝』、筑摩書房、一九九四年）。

儒教の目的は、国家（すなわち世界）に秩序をもたらすことにあり、中国においては国家とはまた大地のことでもあるから、国家に秩序をもたらせば、天・地・人の三者が平安に幸福が享受できるように、宇宙の諸力に平衡が保たれることになる。儒教は自然な感情にそって子供への愛を強調し、この宗教的な愛の精神に極めて近い感情を基本に据えて、親子関係だけでなくすべての社会的な関係、つまり夫婦・老幼・友人・主従といった諸関係に生命を与えることにより、人間の心の中の本来なら宗教が占めるべき場所に、代わりに国家道徳を置いたのであった。こう考えてみると、儒教が宗教的礼拝儀礼に極めて近い儀礼を備えている意味がよく分かる。例として先祖の祭り・皇帝崇拝・孔子礼拝などを挙げれば十分であろう。

（二〇二頁）

儒教に関わる細かな事実認定に一部疑義がないわけではない（儒教で強調されるのは、「子供への愛」だろうか？）。西洋のキリスト教宣教師ゆえの、表現上の明らかな選好も見られる。そのことを割り引いたとしても、この一文には、儒教の基本的性格が、みごとに語られていないだろうか。本書での三章にわたる記述の過半は、やはり、儒教的な思考に関連するものであった。本書を読まれる方には、本文中の具体的な記述のせいで道を迷ったような感覚にとらわれた際には、ぜひこの一文に立ち返ってから、再度歩みなおしていただきたいと思う。

次に引用するのは、ヴィルヘルム同様に、二十世紀初頭の中国に滞在していたフランス人、ヴィクトル・セガレンの詩作である。学究肌のヴィルヘルムに対し、医師でもあるセガレンは、中国各地を旅する紀行作家として、清末の光緒帝を主人公とする小説（『天子』）の著者として、そして、これから引用される作品、『碑《いしぶみ》』と『頌《しょう》』を著した詩人として知られる。『碑』は、中国の碑文に（特に、その物理的形態に）、『頌』は、『詩経』の一部門である「頌」（周王朝の始祖たちを頌《たた》える一群の詩を中心に構成される）に、それぞれ触発されて、執筆された詩集である。

『碑』に収録されているのは、仮想された碑に刻印されるべき一連の詩であり、個々の詩と組み合わされた長短さまざまの中国語の文字である。それらの文字は、詩の内容を象徴的に表現する。仮想された碑は、東西南北に面して配置され、中央に配置され、さらに、路傍にも設置されるだろう。『碑』は、南面する碑に記されるべき詩群から始められる（南面すべきは、君主である）。その冒頭に位置するのが、「治世の印璽なく」である。この詩には、「無朝心宣年譔」の六文字が組み合わされる。中国語表現としては、ほとんど解読不能である。『碑』に収録された他の詩の場合に照らしても、これは異例のことである。冒頭にして異例であり、しかも、冒頭だけが異例なのである。セガレン自身の注によれば、「無朝心宣年譔」は、このように読まれる。「心宣時代に作られた。文字どおりには《無朝》朝の心の布告」。なお、以下の引用は、有田忠郎の訳による（『セガレン著作集』6、水声社、二〇〇二年）。

かつて語られざりしものに心を凝らし、宣布されざるものに従い、
　いまだ在らざりしものにひれ伏して、
わたしは捧げる、わが悦びと生命と敬虔を、年号なき治世、
　即位せざる王朝、人なき名、名なき人を告げ知らせることに、
「至上者＝天」が包み、人間が実現せざるものすべてを告げ知らせることに。

ここで告げ知らされるべきことと想定されるのは、「至上者＝天」との一体化が究極的に実現された治世であろう。そのような治世は、儒教が理想化する三代（夏・殷・周）にも実現されていない。それ以降の王朝については言うまでもない。その意味での、「無朝」なのである。それは、到来す

べくして、かつて到来したことのない聖世を理念化したものである。

ところで、人は、「至上者＝天」と一体化できるものなのだろうか。その様相を、『頌』所収の「裸のテラス上での空への祈り」は、天上界への飛翔と遊歴のイメージで描写する。「わたしは分け入り、そうして見る。数々の道理に参入する。／天上界をわたしは把握し、「天空」を家とする」（三二一頁）。「わたしは広がる、無際限に、／両手をひろげて、わたしは「時」の両端に触れる」（三二一頁）。天への道は、「時」の把握にも通じていく。しかし、理想状態は永続しない。

ついで一切は崩壊する、ついで一切は閉ざされ、生気を失う。
黄色がまたもはびこる。わたしは跪く。（三二三頁）

これは、世界の破滅を表しているのだろうか。それとも、どのような形態であれ、人が天を領有化しようとすることの不可能性を象徴しているのだろうか。天人間に生じる危機にもかかわらず、引用箇所の直前には、こうも述べられている。「絆を断つべきか？巨人なりともできぬ仕業だ」（三二三頁）。少なくとも、人の方から、天との絆を切断することはできない。すでに「一切の豊穣が滝となってわたしに注がれた」（三二二頁）後に、人は位置しているからである。

セガレンの作品の強い象徴性は、本書が三章を通じて示した各種の事例と、期せずして同調しているように思われる。ぜひご参照いただきたい。

三番目に取りあげるのは、アルフレート・デーブリーンの『王倫の三跳躍』である。この小説は、一七七四年に山東省で勃発した民衆反乱の指導者である王倫を主人公としている。著者であるデーブリーンにとっては、最初の小説であり、一九一三年の執筆当時、彼はベルリンの開業医だった。ヴィルヘルムやセガレンとは異なり、彼には中国を実際に見聞した経験はなかった。それにもかかわらず、『中国小説』を副題とし、列子に献呈された、この小説は一気呵成に執筆された。

ここでは、小説の末尾近くの一節を引用してみよう。最後の戦いを前にした王倫が、仲間たちに語りかける場面である（小島基訳、白水社、一九九一年）。

人は、大地が考えるように、水が考えるように、森が考えるように、思考しなければならない。目立たず、ゆっくり、静かに。あらゆる変化と影響を受け入れ、それらに従って自分も変化する。皆さん、俺たちは運命に対しいつも真弱だった、それでも戦うことを強要されてしまった。汚れを知らぬこの教えを滅ぼしてはならない。質の悪い墨のように消えさせてはならない。（中略）無為こそが、いともたやすく死から生を救い出す。よく人が口にする昔の白髪の賢人たちはこのことを知っていた。真弱であること、忍従すること、順応すること、これが純粋な道だ。運命の一撃に身を委ねること、これが純粋な道だ。事柄のままに自らを合わせ、水が水に合わせる如く、川の流れ、大地、大気に自らを合わせよ。

（五〇〇—五〇一頁）

道家的な処世の妙法を仲間たちに語った後、王倫は、彼が夜ごとにみる夢について話しはじめる。

俺は樹の幹の所に立っていた。はじめそれはくららの木のようだったが、しだいにもじゃもじゃした細い枝を俺の周りにからませ、俺の身体をすっぽりと覆い、青い棺のように囲った。目が醒めても、時どき俺の頭はまだ夢の続きを追い求めた。それから細い幹がじとっとした寄生植物のように、俺の足や胴体や腕から茎を出したように思えた。だから俺はこの水気の多い幹を引き抜くことができなくなってしまい、生い茂った植物にすっかり水分を吸い取られてしまった。（五〇一頁）

この話は、仲間たちを恍惚とさせる。王倫の夢のイメージが、「水が水に合わせる如く」した理想状態に合致するからだろうか。しかし、それは、自らを納棺する過程のイメージでもある。セガレンの記した「ついで一切は閉ざされ、生気を失う。／黄色がまたもはびこる」あの状態と、どこか異なるのだろうか。セガレンの詩句に結びつけることで、王倫の夢のイメージは、単なる道家的な文脈を超えて、本書の問題意識にも深く通底していくように思われる。書物を通しての知識だけで書かれた『中国小説』は、その実、なかなかに懐が深い。

最後に取りあげるのは、ベルトルト・ブレヒトの『転換の書』である。『転換の書』は、一九三〇年代から四〇年代にかけて、ブレヒトにとっての亡命時代に執筆され、著者の生前には刊行されることはなかった。この書は、自らを創作ではなく、中国語からの翻訳である（正確には、英語訳からの重訳である）と称する。しかも、中心的な内容を占めるのは、メ・ティこと墨翟（墨子）に仮託された一連の教えである。この書の来歴も、その内容もすべて仮想現実的なのである。その一端を、紹介してみよう（石黒英男・内藤猛訳、績文堂、二〇〇四年）。

仮想現実においても、墨子の論敵は、やはり、クンこと孔子である。社会の最小単位として、クンは、あいかわらず家族をもちだす。メ・ティはそれを批判する。今や最小単位は「労働の場か、あるいは労働の求められている場に形成される」（六七頁）からである。さらには、墨家のスローガンであった「兼愛」すら、新しい時代に合わせて方向転換されていく。「最小単位の構成員たちは、たがいに愛しあう必要などない。かれらはただ共通の目的を愛しさえすればいいのだ」（六八頁）。墨子は、今や革命家的な立場を選択しているのである。

このような一文もある。なお、文中のカー・メーはマルクスを指し、ミ・エン・レーはレーニンを指している。

メ・ティにある弟子がいった。「先生の教えは新しいことではありません。カー・メーもミ・エン・レーも同じことを教えました。かれらのほかにも無数のひとがそう教えています」。そこでメ・ティはこう答えた。――「わたしがそれを教えるのは、それが古いからであって、つまり忘れられてしまって、たぶんただ、過去の時代にだけ当てはまるとみなされているだろうからです。それをまったく新しいこととみなす、じつにおおくのひとがいるのではないでしょうか？」
（九八頁）

この一文は、「古くて新しいこと」と題される。メ・ティは、ここでは、「古くて新しいこと」として、マルクスを祖述し、レーニンを祖述するだろう。しかし、数十年後には、どうだろうか。数十年後に、メ・ティは、論敵のクンを道づれにして、新たな相貌のもとに回帰してこないだろうか。そのときも、彼が語るのは、あいかわらず「古くて新しいこと」であるだろう。現代のクンが、第一章にも紹介されている、新天下主義を提唱するとすれば、メ・ティは新「天志」主義（どのようなものだろうか？）で対抗するのかもしれない。ブレヒトの考案した仮想現実の企みは、数十年後の本書の叙述とも決して無縁ではない。

天と化についてのコメント——林　文孝

私が二〇〇七年三月まで在職した山口大学は、哲学・思想系の教員が学部の枠を越えて比較的密に交流していた。紀要の発行や研究会活動はもちろんだが、それともオーヴァーラップするようなかたちで、同大学に設けられた時間学研究所の研究会に参加したり、複数担当者による共通教育科目として「哲学的討論の現場」という授業を行ったりしていた。後者は、毎回複数の教員が必ず出席してその中の一人が話題提供を行い、それをもとに学生の面前で教員どうしが討論する。そして、学生の思考を刺激し議論への参加をも促そうというかなり意欲的な取り組みであった。

今回「コスモロギア」で「時」を担当し、「天」「化」をも通読して思い出されたのは、そのような交流の場面でしばしば感じた違和感のことである。あるいは、差異への気づきといってもよい。すなわち、西洋哲学の枠組みにおいて「変化」を語ろうとすると、途轍もなくややこしい話になるらしい、ということだ。

私の覚束無い理解でいうと、西洋哲学において個物の属性は、ある主語「X」に対する「Aである」という述語として規定される。こうした前提のもとでは、かつて「A」であったものが今や「BであってAではない」とするならば、同一の主語について異なる、あるいはむしろ矛盾する述語が帰せられることになる。これでは不合理だというわけである。というのも、「X」が「X」であるという事実は時間を貫いて不変のものと想定されており、その属性もまた通常は、「X」が「X」である限りそこに帰属し続けるものと考えられる。同一の「X」を相矛盾する述語で規定することが不合理であり認められないとするならば、上に述べたような事態、つまりはAからBへの変化を、適切に語ることは不可能となるだろう。

山口大学の授業では、脇條靖弘氏がヘラクレイトスの「同じ河には二度入ることができない」という命題を変化と同一性にかかわるパラドクスとして例示し、四次元存在論による解決を模索した議論が印象に残っている。時間学研究所創設にかかわり「哲学的討論の現場」の旗振り役でもあった入不二基義氏（現在は青山学院大学）も、変化にかかわる問題を取り上げることが多かった。彼が著書『時間は実在するか』（講談社現代新書、二〇〇二年）で詳細に検討したマクタガートの時間非実在論も、そのポイントは同一の主語に対して複数の述語が帰属してしまうという問題にあるだろう。

私はこれらの議論を興味深く聞きながらも、違和感もまた強く覚えたものである。流れる水が入れ替わろうともそこにあるのは同一の川に違いなく、川とはそもそもそうしたものではなかろうか？「時について」で引いた例でいえば、朱熹が注した『論語』の「川上の嘆」で、天地の間断なき運動変化を一貫して象徴するのは、流れてやまない一本の川なのである。その川が流れるからといって刻々のうちに異なる実体に交代していると考えることができるだろうか？　僧肇であればいさ知らず、変化と同一性が相容れなくなるような議論がこの世界の実相を道破しているとは、とうてい思われない。

こうした違和感の由来を探るならば、私が中国哲学研究者であるために、その発想の傾向に暗黙裏に感化されていたのではなかろうか。要するに、西洋哲学が想定する真理というものが、変化を受け付けない永遠不変の相のもとに捉えられているのに対して、中国哲学では、総説にもいうとおり、「天に由来する秩序そのものが動的に変化すると考えられてい」た（四頁）。変化することそのものが、世界や個物の当然の性質として前提されているといったらよいだろうか。

この観点から見れば、「化」が中核に据わる本巻の問題意識は、西洋哲学と中国哲学との差異を、その核心部分において問うことにつながりうる。

そのような関心をもって中国思想史を振り返るとき、本巻では周辺的な言及ではあるが、「化について」で触れられた慧遠「沙門不敬王者論」の議論（一三一—一三二頁）は興味深い。彼は世俗王権からの服従要求に対して、仏教的な真理は「化」に従わないという議論を展開した。「化」に従うのは、天地の生成化育の秩序であり、また、それを模範とした王者の教化・撫育の秩序であるが、仏教とは、まさにそうした生成変化（そこには輪廻も含まれる）からの超越において永遠の安静を得るものである。世俗権力の要求は、僧侶もまた現世にあって王権による政治社会秩序存立の恩恵を受けることによって生存可能なのであるから、これに対する報謝として王者への敬礼をすべきだということであった。しかし、慧遠によれば、こうした「化」の論理に基づく敬礼要求は仏教徒に対しては不当なものである。天地の生生は不死をもたらしえず、人々の生存保証を任務とする王権もまたすべての憂苦を取り除くことはできないとすれば、それらを断滅したところに求められる永遠の真理こそが尊い。それゆえ、僧侶は王者と対等の礼で接すべきだというのだ。いわば、西洋哲学に類比的な永遠不変の真理をもって、中国哲学の核心部分を否定し去ろうとしたのである。

慧遠が相手取った「化」の論理は、自然秩序と政治秩序からなる現実世界そのものを覆う。自然と政治、言い換えれば天と人との関係は、『易』のように模倣的に捉えられるにせよ、『中庸』のように補完的に捉えられるにせよ（両者の発想を区別したのは本間氏のすぐれた着眼だと思う）、生成変化の原理がその基底を貫いていることに変わりない。もしも慧遠の議論が有効であるとすれば、それによって中国的な思想の命脈は絶たれたと言ってもよいが、はたしてどうであったか。事実のレベルでは、たとえ礼敬拒否が儀礼上は認められたとしても、僧侶の社会的存在様態はより深く王権の支配下に組み込まれることがありうるし、その後の中国史の推移はまさにそのようであったと考えられる。また、思想レベルにおいても、慧遠の議論はけっして十分ではなかっただろう。第一に、死や憂苦を免れないことが、生成変化の世界を振り捨てるべき理由として絶対的であるのか、自明ではない。たとえ死や憂苦がつきまとうとしても、あえて現世にとどまることが尊いという価値判断もまた正当性をもつのではないか。第二に、天の領域と人の領域それぞれにおいて「化」が遂げられるとしても、それぞれの「化」が慧遠の想定どおりに一枚岩であるとは限らない。そこには、相異なる「化」のプロセスの拮抗や反発、もつれ合いや合流が認められるのではないか。その中にあって人の採りうる生き方として、より望ましい「化」へと参与せんとすることもまた可能なのではないか。

第二の問題点にかかわる論点として、天と人との間に存在するかもしれない亀裂の可能性を、「天について」の章のいくつかの箇所に見出すことができるだろう。それはまず、権力者だけでなく個人までも天に参与する可能性というかたちで、孔子のいう「天命」の不穏さに見出される。そして、荘子、荀子、王充、唐代の天論に見出されるのは、人間が天を損なうという論点であり、また、天それ自体が乱を抱えているかもしれないという懐疑である。とりわけラディカルなのは、柳宗元「天説」に引く韓愈の、「天人逆相関」とも言うべき議論である。天地の腐敗から人が生まれ、その人の活動がいよいよ天地を蝕んでいく。それゆえ、人への危害は天地への功績である。こうした天論の系譜上に、明末清初の唐甄《とうけん》を加えることもできるかもしれない。彼は王朝交替期の動乱と大量死を見据えつつ、こうした大量死・大殺戮がたとえ天の意志であったとしても（彼のテクストでは、明末の反乱主導者・張献忠がそうした信念の持ち主であったとされる）、その場合、人は天に抗してでも「忍びざる心」を発揮すべきだと説いた（『潜書』下篇下「止殺」）。これらの議論には、安直な調和論に走ることなく自然と人間との関係を再考するためのヒントが含まれているように思われる。

さて、中島氏は、人が人の世界を律する根拠として韓愈が見出したものを、後に「道統」と呼ばれるようになる歴史性であるとする。しかし、後に「道統」と呼ばれるようになったとき、その意味が一変していたことには注意すべきであろう。朱子学の「道統」は、天にもとづく性を人間の本質としたところに展開されている。いわば、一枚岩の天人相関の図式へと再吸収されているのである。韓愈「原道」における聖王・聖人の系譜は、人間の生存可能性を開拓・確保し、人々の生活をマテリアルな意味でも可能ならしめた人々のそれである。言い換えれば、自然環境との相互交渉の中で独自の生存形態を見出してきた歴史そのものである。これに対して朱熹「中庸章句序」が述べるのは、心に書き込まれた天与の本質を見失わず守り伝えた人々の系譜である。いわば、天とともにそこにあるはずの、その意味では時間を超えた本質の、喪失と再発見の物語である。

しかし、今触れた「時間を超えた本質」とは、「川上の嘆」の朱熹の注に即して述べた通り、その構造そのものが時間を包含するものでもあった。朱子学と時間とのかかわりは多層的である。「化について」で本間氏が述べるとおり、朱子学の教化の図式がまず要請するのは、教化=統治の主体たるべきものがまず「自らの本来性に覚醒し、自らの原点（明徳=性）に回帰」することである。つまり、自己の変容と他者の感化という二重のプロセスが要請されている。これらのプロセスはそれぞれに時間を必要とする（逆に王陽明の「万物一体の仁」の思想は、このプロセスの二重性とそれぞれに要する時間を消去しようとするものといえるだろう）。学ばれた内容が理解と実践において「熟」するための時間である（これについては「時について」の章で十分に取り上げることができなかった）。王夫之『尚書引義』で批判対象とされていた朱子学の現在中心主義とは、たしかに朱子学の発想の一面（これは陽明学にも共通する）を捉えたものではあるが、一方では、時間なくして朱子学は成立し得ないともいえる。

こうして見ると、王夫之が批判対象とした現在中心主義は、陽明学においてこそ極まるものではなかったかと思われる。顧憲成『当下繹』もまた陽明学を意識していた。しかるに、「時について」の章で陽明学それ自体を正面から扱っていない。この点でバランスを失したのは、私自身の反省点である。

最後に、総説に触れられた王夫之の「時が異なれば勢も異なり、勢が異なれば理もまた異なる」(『宋論』巻十五)にコメントしよう。原文は史論であり、前提となる史実の説明に紙幅を要するために「時について」本文では割愛したが、南宋滅亡直前の、宰相・文天祥《ぶんてんしょう》の言動が論評の対象であった。すなわち、摂政謝太后(太皇太后)の命を受け、モンゴル軍に対する降伏交渉に臨んだ彼の行動を、春秋時代に「会稽の恥」を忍んだ越王勾践《こうせん》になぞらえて同情的に理解してよいかどうか、である。それに対して王夫之は「否」を突きつける。その根拠として述べたのが、引用部分である。春秋時代の呉越関係と、宋・モンゴルの関係とは、「時」や「勢」が根本的に違うのであるから、一時的に屈服して復讐を図る余地はなく、そうした行動を選択すべき「理」もまたなかった、というのである。だとすれば、文天祥としては太后の命を拒絶してこそ忠を全うできたことになる。つまり、「時」の変化に伴う「理」の変化という柔軟な外見とは裏腹に、いかなる窮地に陥ろうとも断じて犯してはならない原則を前提とし、夷狄に屈服するよりもむしろ社稷に殉じるという態度選択を求めているのである。

王夫之の結論はじつは硬直的なものではあるが、そこへと論を進める過程において、文天祥への同情もまた吐露されている。

夫豈不知有命自天之不可強哉。欲已之、而心不我許、抑竭力殫心以為其所能為而已矣。

そもそも、天から下される命に対しては無理に逆らったりできないことを、知らないはずがない。〔さまざまな手段を講じるのを〕やめようとしても、心は自分を許さず、力と心の限りを尽くしてできることをするほかはないのである。（『宋論』巻十五）

天の命としては王朝滅亡という最悪の結末が訪れることが明白だとしても、人はその回避あるいは緩和に向けて可能な限りの努力をしないではいられない。文天祥が降伏申し入れという屈辱的な任務を受けて立ったのも、その切迫した心情ゆえとされるのだ。

かくして、人為はつねに天命から逸脱する可能性をもつ。そして、「時」の違い、「勢」の違いといったものは、そのような逸脱を含んだ人為の積み重ねにおいてこそ生じてくるものと考えられる。王夫之の「理もまた異なる」という認識が真に新しい「理」を開きうるとすれば、天に随順しつつも時にはあえて天に抗せざるを得ない人々の介入が、あるときは成功しあるときは失敗しながら、あたかも『太平経』の「承負」のごとくに積み重なり、予期を越えた変化をもたらすその時であろう。

索引

ア行

カ行

サ行

タ行

ナ行

ハ行

マ行

ヤ行

ラ行

ワ行

シリーズ・キーワードで読む中国古典　1

コスモロギア

天・化・時

2015年9月9日　初版第1刷発行

編　者　中島隆博

著　者　中島隆博・本間次彦・林 文孝

発行所　一般財団法人　法政大学出版局

〒102-0071 東京都千代田区富士見 2-17-1

電話03(5214)5540／振替00160-6-95814

組版：HUP　印刷：ディグテクノプリント　製本：誠製本

装幀：奥定泰之

ISBN978-4-588-10031-4　Printed in Japan

著　者

中島隆博（なかじま・たかひろ）**本巻編者**
東京大学東洋文化研究所教授。専門は中国哲学・比較哲学。主な著作・翻訳に、『悪の哲学——中国哲学の想像力』（筑摩書房、2012）、『共生のプラクシス——国家と宗教』（東京大学出版会、2011）、『荘子——鶏となって時を告げよ』（岩波書店、2009）、アンヌ・チャン『中国思想史』（共訳、知泉書館、2010）など。

本間次彦（ほんま・つぎひこ）
明治大学政治経済学部／大学院教養デザイン研究科教授。専門は中国前近代思想。主な著作・翻訳に、『アジア学への誘い——国際地域の社会科学Ⅲ』（共著、明治大学政治経済学部創設百周年記念叢書刊行委員会、2008）、「再編と多様化、または、新たな主体の発明——王夫之研究の現状と課題」（『中国——社会と文化』24、2009）、「聖人と赤子のさきわう世界へ——羅近溪新論」（『明治大学教養論集』443、2009）、B. A. エルマン『哲学から文献学へ——後期帝政中国における社会と知の変動』（共訳、知泉書館、2014）など。

林 文孝（はやし・ふみたか）
立教大学文学部教授。専門は中国哲学。主な著作・翻訳に、『「封建」・「郡県」再考——東アジア社会体制論の深層』（共著、思文閣出版、2006）、『比較史のアジア——所有・契約・市場・公正』（イスラーム地域研究叢書4、共著、東京大学出版会、2004）、「耿極『王制管窺』の封建論」（『中国哲学研究』24、2009）、B. A. エルマン『哲学から文献学へ——後期帝政中国における社会と知の変動』（共訳、知泉書館、2014）など。